U0514458

僵尸企业对银行的风险溢出效应研究

——基于信贷关系网络的视角

高颖超 著

Research on the Risk Spillover Effect of Zombie Enterprises on Banks

From the Perspective of Credit Relationship Network

中国财经出版传媒集团

经济科学出版社
Economic Science Press

图书在版编目（CIP）数据

僵尸企业对银行的风险溢出效应研究：基于信贷关系网络的视角／高颖超著．-- 北京：经济科学出版社，2023.1

ISBN 978 - 7 - 5218 - 4443 - 6

Ⅰ.①僵…　Ⅱ.①高…　Ⅲ.①企业债务 - 风险管理 - 研究 - 中国　Ⅳ.①F279.23

中国国家版本馆 CIP 数据核字（2023）第 014036 号

责任编辑：宋艳波
责任校对：易　超
责任印制：邱　天

僵尸企业对银行的风险溢出效应研究
——基于信贷关系网络的视角

JIANGSHI QIYE DUI YINHANG DE FENGXIAN YICHU
XIAOYING YANJIU
——JIYU XINDAI GUANXI WANGLUO DE SHIJIAO

高颖超　著
经济科学出版社出版、发行　新华书店经销
社址：北京市海淀区阜成路甲 28 号　邮编：100142
编辑部电话：010 - 88191469　发行部电话：010 - 88191522
网址：www. esp. com. cn
电子邮箱：esp@ esp. com. cn
天猫网店：经济科学出版社旗舰店
网址：http：//jjkxcbs. tmall. com
固安华明印业有限公司印装
710×1000　16 开　12.25 印张　200000 字
2023 年 1 月第 1 版　2023 年 1 月第 1 次印刷
ISBN 978 - 7 - 5218 - 4443 - 6　定价：68.00 元

（图书出现印装问题，本社负责调换。电话：010 - 88191545）
（版权所有　侵权必究　打击盗版　举报热线：010 - 88191661
QQ：2242791300　营销中心电话：010 - 88191537
电子邮箱：dbts@ esp. com. cn）

前　　言

　　僵尸企业的长期存在将产生一系列严重的后果，如会降低资源配置效率、导致经济增速下滑以及加剧产能过剩等。其中最为关键的是僵尸企业的债务问题，其居高不下的债务不仅加重了中国不断加剧的企业债务问题，而且银行出于自身的目的不断挤压正常企业资金资源，为僵尸企业提供资金支持，累积下来形成了巨大的资产泡沫和金融危机因素。因而在开展僵尸企业处置工作时，应警惕与防范由僵尸企业债务处置所带来的风险，防止进一步向金融体系扩散。据此，本书从僵尸企业债务形成的资金连接出发，对僵尸企业风险向银行的溢出效应进行了研究，以期在把控风险的前提下为僵尸企业债务处置提供可供参考的建议。

　　由于现代经济体系的一个重要特征是主体之间的高度关联，一个主体的风险会迅速扩散至与之发生直接或间接关联的其他主体，因此僵尸企业的风险一方面会直接溢出至银行，另一方面会通过与僵尸企业互保联保形成紧密财务联系的企业间接溢出至银行。同时，僵尸企业与互保联保企业间的担保关系形成了一个网络，风险在这个网络的传导过程中呈发散的特点并被不断放大，一家僵尸企业的清理可能引发企业违约集聚、连锁破产；作为网络连接的另一端，银行也将承受原本数倍的风险，情况严重时甚至可能导致系统性危机，因而对僵尸企业与银行两个主体间的风险传染研究十分必要。基于此，本书在已有的研究基础上，构建了包含僵尸企业与银行、僵尸企业与互保联保企业的网络模型，并对僵尸企业向银行的风险溢出进行研究。

本书遵循"信贷关系网络—风险相关性—风险溢出"的逻辑分析框架，主要解决以下三个方面的问题。一是僵尸企业风险的溢出机理。对僵尸企业风险的溢出源、僵尸企业风险溢出载体和风险溢出路径进行分析；二是针对僵尸企业风险溢出的路径进行检验；三是在此基础上构建僵尸企业风险溢出仿真模型，得到僵尸企业风险溢出的相关阈值，据此提出在把控风险的前提下合理处置僵尸企业的相关建议。

基于上述研究思路，本书结构与主要研究内容如下。

第一章为引言。主要介绍本书的研究背景和研究意义，提出全书的研究思路、研究内容，最后说明本书的主要创新点。第二章为文献综述。主要梳理国内外有关僵尸企业和风险溢出的已有文献，首先对有关僵尸企业研究的文献进行了综述，其次围绕宏观金融体系内的风险溢出、微观企业间风险溢出、实体企业与金融行业间风险溢出和风险溢出量化方法几个方面展开，并进行综述与评价。第三章为经济、制度背景及僵尸企业识别。首先对僵尸企业产生的宏观经济背景和制度背景进行介绍；其次基于已有的僵尸企业识别方法，采用五种方法分别对2009～2018年我国上市公司中的僵尸企业进行识别；最后结合我国实际情况给出本书所定义的僵尸企业识别方法。第四章为僵尸企业的风险溢出机理。该部分就企业的风险溢出机理进行了分析，包括风险溢出的构成要素：风险源、溢出载体、溢出路径等。首先对风险溢出的源头，即僵尸企业的流动性风险和信用风险进行分析；其次对僵尸企业的风险溢出载体进行了分析，发现资金和信息是其风险传导的重要载体；最后就僵尸企业对银行风险溢出的两条路径进行分析。

作为本书的实证部分，第五章和第六章为僵尸企业风险溢出第一条路径的检验。第五章通过手工整理企业向银行贷款的数据，构建了以各僵尸企业为矩阵行变量、所有与僵尸企业发生过信贷关系的银行为矩阵列变量的僵尸企业银企信贷关系网络。第六章首先通过构建 CoVaR 模型，证明并计算出了僵尸企业对银行的风险溢出大小。其次，通过进一步分析实证检验了僵尸企业对银行的风险溢出水平 CoVaR 与其所处的银企信贷网络位置之间的关系。

第七章为僵尸企业信贷担保网络风险溢出效应，是关于僵尸企业风险溢出第二条路径的检验。基于社会网络的嵌入视角研究了僵尸企业风险在担保网络中的溢出，并探讨了风险溢出机制和制度诱因。通过实证方法证明了加入僵尸企业担保网络会对企业价值造成负面影响，当担保网络内的僵尸企业遭受巨大冲击时，为其提供担保的企业将随之承担担保损失，从而增加担保企业的财务风险，同时也会对企业盈利能力产生影响，降低企业价值。另外，在市场资源量既定的情况下，由于僵尸企业以较低的利率占据了过多的信贷资源，造成信贷扭曲，挤占了正常企业的应有融资，进而加重了正常企业的融资成本，进一步加剧信贷扭曲。

第八章为僵尸企业信贷关系网络风险溢出的动态仿真。首先根据 KMV 模型，结合僵尸企业的特征对 KMV 模型进行改进，利用动态违约距离估计僵尸企业的最优违约距离和违约概率；其次采用一个网络动态演进模型来模拟在由僵尸企业资金往来形成的网络中，风险是如何从个体风险向网络内蔓延，最终向系统性风险演进的。在动态求解僵尸企业违约风险并模拟其对担保网络内其他企业的风险溢出后，得到了整个网络的违约仿真测算结果，进而在对银行不良贷款容忍度进行估算的基础上，得到了僵尸企业信贷网络风险爆发引致系统风险的阈值。

第九章为结论、建议和展望。主要对本书就僵尸企业风险溢出效应的实证分析得出的结论进行总结,进而给出相关政策建议。最后,说明由于样本数据可获得性等因素的限制,指出进一步研究的方向。

总之,本书基于银企两个主体间的信贷连接,构建了僵尸企业的信贷关系网络模型,从两条路径研究僵尸企业对银行的风险溢出:一是僵尸企业对银行的直接风险溢出,二是僵尸企业风险通过担保网络间接溢出至银行。通过对僵尸企业两条风险溢出路径的分析,发现僵尸企业的风险溢出有较强的路径依赖性,并得出以下结论:首先,僵尸企业的风险溢出大小与其在银企信贷网络中的位置密切相关。僵尸企业在网络中的位置越核心,表明该企业在网络中有更多的联结关系,其产生的风险则有更多的可能溢出对象。其次,僵尸企业的担保网络加剧了信贷扭曲程度,处于僵尸企业担保网络中企业的企业价值、还款能力都可能受到影响,产生较大的负面效应并进一步溢出到银行,放大了其风险溢出效应,政府干预在这个过程中扮演着催化剂的角色。最后,本书对僵尸企业向银行的风险溢出进行了动态模拟。根据 KMV 模型,利用动态违约距离估计出僵尸企业的最优违约距离和违约概率,同时以违约概率为基础构建了一个网络动态演进模型来模拟僵尸企业风险在担保网络中溢出的机理,最后得到了整个僵尸企业网络的违约仿真测算结果。本书的研究结论有助于制订僵尸企业分类处置计划,动态仿真可以帮助银行及时跟踪和反馈僵尸企业的风险信号,实现动态监测,从而有效地控制和防范由僵尸企业风险溢出造成的银行系统性风险。

目　　录

| 第一章 |

引　言

研究背景与研究意义

一、研究背景

近年来，我国一些地方政府为保稳定、一些银行为掩盖不良贷款率等多重原因而不断加大对企业的资金支持力度，由此滋生了大量僵尸企业。这是体制性、结构性、周期性等多重因素共同作用的结果，严重阻碍着经济结构调整和产业转型升级。

处置僵尸企业多次在国务院常务会议、中央经济工作会议等重要会议上成为议题。政府高度重视僵尸企业，大量政策文件中也屡次提到僵尸企业，并已大刀阔斧对其进行改革。清理僵尸企业不仅成为化解产能过剩的重要突破口，也是推进供给侧结构性改革的必要环节，而其中的关键和难点就是僵尸企业的债务处置。僵尸企业债务的居高不下不仅加重了我国不断加剧的企业债务问题，成为我国企业部门杠杆率连年上升的重要原因，而且银行为了掩盖自身不良贷款率不断挤压正常企业资金资源，为僵尸企业提供资金支持，累积下来形成了巨大的资产泡沫和金融危机因素。2018年8月，国家发展改革委等五部门联合印发的《2018年降低企业杠杆率工作要点》，把加快推动"僵尸企业"债务处置作为降低企业杠杆率工作的核心要点，并且提出要完善"僵尸企业"债务处置政策体系，通过推动债务处置加快僵尸企业出清；同年12月，国家发展改革委再次联合11部委印发《关于进一步做好"僵尸企业"及去产能企业债务处置工作的通知》，指出要有效防范债务处置中的各类风险，尤其是与债务处置相关的金融风险，需要对其严密监测、及时处理与化解。一系列专门针对僵尸企业债务的发文一方面从侧面证实了僵尸企业债务处置工作中所蕴含的巨大风险，另一方面也说明了僵尸企业债务处置工作的重要性和紧迫性。

在僵尸企业的存续经营过程中面临着诸多外部和内部不确定性，如宏观经济环境变化、现金流短缺等，并且由于僵尸企业的利益相关者众多，一旦僵尸企业遭遇某种冲击，如被强制清理，风险将通过财务联系被迅速扩散、放大，向其他关联方溢出。银行作为僵尸企业最主要的资金提供者，受到其风险溢出的影响较大，破坏性效应甚至可能引发金融危机。另外，僵尸企业与互保联保企业形成的紧密财务联系极易造成风险扩散，产生企业违约集聚、连锁破产等后果。这种由担保关系形成的紧密联系虽然有利于企业缓解融资约束，但与之相伴的是拓宽了风险传导的渠道。担保关系形成了一张巨大的网络，当其中某个僵尸企业发生严重财务困难，风险便会沿着担保网络呈几何式扩散，最终转移到银行。也就是说，银行受到的僵尸企业风险溢出的影响可能是原来的数倍甚至更大，因此僵尸企业的风险溢出问题应引起社会各界的广泛关注。

同样，僵尸企业的出清应该是严肃而慎重的，因为稍有不慎就可能引发银行业危机、大量劳动力失业等经济和社会风险（张平，2014）。目前关于僵尸企业的风险溢出效应研究较少，而处置僵尸企业作为牵一发而动全身的"牛鼻子"，在控杠杆、去产能进程中处于举足轻重的地位。僵尸企业出清是否存在对银行系统的风险外部性并引致金融体系动荡，是否可能引发互保联保企业的连锁违约、担保危机，是十分值得关注的问题。能否有效地进行风险管理关系到僵尸企业的自我救赎和处置，甚至关系到区域金融稳定和行业、经济稳健发展。

鉴于此，本书旨在考察与僵尸企业信贷资金链接导致的风险相关性，这种资金链接包括银企信贷关系和企业间的担保关系，由此形成了复杂的信贷关系网络。在关系网络的背景下，围绕僵尸企业的资金链接关系这一主题，对银企信贷网络、信用担保网络的风险溢出影响进行较为深入的分析。

二、理论意义

（一）丰富了僵尸企业经济后果的相关理论

现有对僵尸企业经济后果的分析中，鲜有对僵尸企业债务导致的风险及溢出进行研究，而僵尸企业债务处置是僵尸企业清理问题中的重点和难点，其中蕴含的巨大风险值得关注。本书的研究在一定程度上丰富了对僵尸企业经济后果的研究，僵尸企业对银行风险溢出研究的关键在于了解风险是如何从僵尸企业溢出至银行的，这样才能有效地阻断风险传导，最小化僵尸企业处置损失，同时防止在僵尸企业的处置过程中累积更多的损失。因此，本书从僵尸企业资金链接导致的风险相关性出发，从僵尸企业银企信贷网络和信贷担保网络两条路径讨论了僵尸企业对银行的风险溢出效应，从僵尸企业风险溢出源、风险溢出载体、风险溢出路径和风险溢出阈值几个方面对僵尸企业的风险溢出机理进行了分析。

（二）拓展了跨主体风险溢出研究范围

现有对风险溢出的研究主要是从企业与企业之间、金融机构与金融机构之间，或者金融机构对金融系统的风险贡献程度等方面展开，关于实体企业与金融行业间风险溢出的研究较少，且主要集中于房地产业对金融系统的风险溢出、企业融资结构对金融机构风险的影响等方面。僵尸企业对银行存在风险溢出虽然似乎不证自明，但尚未有直接数据表明僵尸企业在多大程度上对银行风险产生影响。本书基于 CoVaR 条件风险价值模型证明并计算僵尸企业对银行风险溢出的大小，并对不同网络位置中僵尸企业风险溢出效应的差异性进行了检验，同时进一步结合僵尸企业信贷担保网络，对僵尸企业风险溢出进行动态仿真并得到了引发系统风险的阈值。这些都为由僵尸企业债务引发的对银行的风险溢出提供了直接的实证证据。因此本书的研究在一定程度上拓展了风险溢出的研究范围，尤其是对企业与金融机构间跨主体的风险溢出研究。

（三）拓展了社会网络分析方法的应用领域，为僵尸企业的处置提供了理论依据

现有运用社会网络分析企业问题多见于董事个体特征或政治关联对企业的影响，本书将社会网络方法运用于企业风险溢出，从社会网络的角度解读僵尸企业的风险问题，一方面在一定程度上拓展了社会网络方法的应用领域，另一方面网络位置对僵尸企业风险溢出的影响结果为其处置提供了一种新的思路和理论依据。

三、现实意义

本书从银企信贷网络和信贷担保网络两条不同路径出发，采用社会网络分析这一在相邻效应、传播、互动等方面得到广泛应用的方法（徐振宇，2013），分析网络结构对僵尸企业风险溢出的作用，揭示僵尸企业风险溢出的一般机理和客观规律，有助于僵尸企业处置计划的制订以及实现风险的动态监控。

（一）有助于政府完善僵尸企业处置方案

本书的研究结果有助于监管部门更加深刻地认识僵尸企业的溢出效应，以及僵尸企业处置计划的制订。现阶段我国已大刀阔斧地对僵尸企业进行清理和改革，各地方政府纷纷制订僵尸企业清理计划，在这个过程中学界和实务界均指出应分类进行僵尸企业的处置，但并未提出具体的分类标准和处置办法。本书通过实证研究发现网络位置对僵尸企业风险溢出有着显著影响，这为僵尸企业的处置提供了一种新的思路，在对僵尸企业进行分类时结合其所处的网络位置，可以提高僵尸企业管理与处置的质量和效率。这对厘清僵尸企业处置方向、防范系统性金融风险和维持经济健康发展有一定的现实意义。

（二）有利于银行应对僵尸企业信贷风险

僵尸企业对银行的负债是刚性的，一旦僵尸企业被强制清理，银行对僵尸企业的贷款就立刻成为不良贷款，因此要能够在僵尸企业负债规模的基础上，测算处置僵尸企业要承受多大的债务损失，银行能够承受多大规模的债务损失，防止系统性风险的发生。本书通过对包含银企信贷网络和信贷担保网络两个子网络的僵尸企业信贷关系网络进行动态仿真方式，模拟僵尸企业被强制清理时的风险溢出，最终得到僵尸企业风险溢出强度的阈值，有利于实现对僵尸企业信贷风险的动态监控。这对研究僵尸企业债务处置可能导致的我国银行业各类风险指标的变化有一个量化方面的参考，从而能够有效隔离、截流、阻断、疏导和控制僵尸企业风险溢出。

第二节
研究思路和研究内容

一、研究思路

本书遵循"信贷关系网络—风险相关性—风险溢出"的逻辑分析框架，主要尝试解决以下三方面的问题。一是僵尸企业风险的溢出机理。对僵尸企业风险的溢出源、僵尸企业风险溢出载体和风险溢出路径进行分析。二是针对僵尸企业风险溢出的两种路径，对僵尸企业的风险溢出进行检验。第一条路径是僵尸企业与银行资金借贷造成的风险向银行直接溢出；第二条路径是风险在由担保所形成的僵尸企业担保网络内传染后间接溢出到银行。三是在此基础上构建僵尸企业风险溢出仿真模型，得到僵尸企业风险溢出的相关阈值，据此提出在把控风险的前提下合理处置僵尸企业的相关建议。

二、研究内容

基于上述研究思路，在对本书的研究背景和意义等进行介绍、梳理国内外有关僵尸企业和风险溢出文献的基础上，将本书的主要研究内容分为以下几个部分。

（一）僵尸企业样本的识别确定

确定僵尸企业样本是本书研究的前提，构建僵尸企业银企信贷网络、信贷担保网络都要建立在被识别的僵尸企业基础上。由于现有关于僵尸企业的识别方法不一，本书基于已有的僵尸企业识别方法，分别采用五种方法对 2009～2018 年我国上市公司中的僵尸企业进行识别。同时，由于宏观经济、制度背景会在大的范围内影响僵尸企业的形成，故而可以在一定程度上反映僵尸企业数量的变化特征，因此结合我国实际情况从中选出了本书所定义的僵尸企业识别方法。

（二）僵尸企业风险溢出的机理分析

该部分首先就企业的风险溢出机理进行分析，包括风险溢出的构成要素：风险源、溢出载体、溢出路径等。具体来说，僵尸企业作为风险溢出的源头，其所蕴含的风险是巨大的，尤其是它在脱离自身实际情况下仍大量借款，庞大的负债规模给银行甚至整个社会经济埋下了巨大的隐患，因此本书主要对其流动性风险和信用风险进行分析。其次是风险传导需要依附于一定的载体，而资金和信息是僵尸企业风险溢出的重要载体，同时由于本书研究的风险溢出对象是银行，因此资金成为僵尸企业风险溢出最为关键的载体。由此本书发现了由资金链接所导致的僵尸企业对银行风险溢出的两条路径，包括直接溢出路径和间接溢出路径。因此，接下来的部分是对两条路径上的风险溢出进行检验。

（三）僵尸企业对银行风险溢出的路径检验

首先是对直接溢出路径的检验，即僵尸企业风险直接溢出至银行。本书第五章和第六章即为僵尸企业的银企信贷网络风险溢出检验。第五章主要是银企信贷网络的构建及描述性统计，通过手工整理僵尸企业向银行贷款的数据，构建了以各僵尸企业为矩阵行变量，所有与僵尸企业发生过信贷关系的银行为矩阵列变量的银企信贷矩阵。通过对矩阵的转换处理，计算出了企业和银行的中心性结果。第六章则首先通过 CoVaR 模型得到当僵尸企业处于极端风险水平 VaR 时，银行所承受的条件风险水平 CoVaR，也就是僵尸企业对银行的风险溢出大小。另外，通过进一步实证分析检验了僵尸企业对银行的风险溢出水平 CoVaR 与其所处的银企信贷网络位置之间的关系。

其次是对间接溢出路径的检验，即僵尸企业风险通过溢出至其信贷担保网络内相关企业再间接溢出至银行。本书第七章基于社会网络的嵌入视角研究了僵尸企业风险在担保网络中的溢出，并探讨了其风险溢出的制度诱因。通过实证方法证明了加入僵尸企业担保网络会对企业价值造成负面影响，同时处于僵尸企业担保网络中的企业也面临更严重的信贷扭曲，导致担保网络内企业流动性风险增加，降低担保网络内相关企业的还款能力，从而增加担保网络内企业的信用风险，最终将风险转移到银行。

（四）僵尸企业风险溢出的动态仿真

动态仿真是采用一个网络动态演进模型来模拟在由僵尸企业资金往来形成的网络中，风险是如何由僵尸企业个体向整个信贷关系网络蔓延，最终向系统性风险演进的。本书第八章为僵尸企业信贷风险溢出的动态仿真，首先，根据 KMV 模型，通过动态违约距离估计僵尸企业的违约概率；其次，根据得到的僵尸企业违约概率构建整个信贷网络内节点的财务健康指标，从而设置仿真模型模拟僵尸企业被清理时对担保网络内其他企业的风险溢出过程，最终得到整个网络的违约仿真测算结果，进一步，在对银行不良贷款容忍度进行估算的基础上，得到了僵尸企业风险爆发引致系统风险的阈值。

本书的技术路线图如图 1-1 所示。

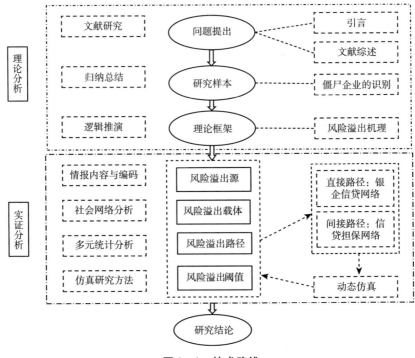

图 1-1　技术路线

第三节
研究方法与创新点

一、研究方法

（一）理论分析

本书在前期研究文献的基础上，对僵尸企业所形成的信贷关系网络

（包括僵尸企业的银企信贷网络和信贷担保网络）及其结构、风险传染机理、动态风险溢出等多个理论问题进行分析。理论分析方法包括文献研究方法、逻辑推演和归纳总结等。

（二）情报内容分析与编码

本书在收集实证研究数据时，借鉴了情报学中的编码和处理方法，在一定程度上保证了数据的客观性。同时，手工收集、整理和编码数据也是本书的独创性所在。

（三）社会网络分析

本书实证部分应用社会网络分析方法构建了僵尸企业的银企信贷网络，并进一步研究僵尸企业的网络位置对其风险溢出的影响。

（四）多元统计分析

本书实证部分还采用了多元回归分析等统计分析方法，所利用的分析软件为 Stata、Eviews 和 Matlab。

（五）仿真研究方法

应用仿真模型模拟个体风险传染过程，测算僵尸企业违约概率及其对担保网络的风险溢出强度，得到僵尸企业网络风险爆发引致系统风险的阈值。

二、创新点

以僵尸企业处置中的债务问题为背景，本书探讨了僵尸企业对银行的风险溢出效应，主要创新点体现在如下几个方面。

（一）拓展了僵尸企业经济后果的研究视角

本书从僵尸企业债务所导致的风险溢出角度解读了僵尸企业的经济后果，而以往对僵尸企业经济后果的研究则主要从僵尸企业对正常企业的投资挤出效应、税负扭曲效应等出发，因此本书的研究为僵尸企业的经济后果及风险防范提供了新的经验证据。此外，本书从僵尸企业和银行两个主体的角度研究风险溢出突破了传统计量工具的限制，而现有关于实体企业风险向银行溢出的研究大多单从企业主体或者银行主体的角度出发，较少将两个主体连接起来，更缺乏僵尸企业对银行风险溢出的研究基础。本书的研究在僵尸企业信贷网络的框架下同时考虑僵尸企业和银行两个主体，不仅可以刻画僵尸企业的不同关联程度和风险溢出力度，还可以甄别僵尸企业风险的中心来源，研究结果有助于防范在开展僵尸企业债务处置工作中产生的金融风险。

（二）揭示了僵尸企业对银行风险溢出的两条路径

本书按照"信贷关系网络—风险相关性—风险溢出"的逻辑，从风险系统论的角度对僵尸企业的"风险溢出源—风险溢出载体—风险溢出路径—风险溢出阈值"进行了分析，探讨风险是如何从僵尸企业这个主体溢出至银行主体的，揭示了僵尸企业风险溢出的一般机理，提出了僵尸企业风险直接溢出至银行和通过与其发生担保关系的企业间接溢出至银行这两条路径并对两条路径上的风险溢出进行了检验。由于担保网络的复杂性和不透明性，很难被识别，因此本书所揭示的两条溢出路径有利于我们厘清防范金融风险的思路，也可以帮助扎牢防控系统性风险的底线。

（三）构建了僵尸企业的信贷关系网络

本书将僵尸企业的两条溢出路径分别拓展到网络层面，构建了包含银企信贷网络和信贷担保网络两个层面的僵尸企业信贷关系网络。不同于以往将社会网络作为资源获取渠道并用于分析企业问题的研究，本书将其作为风险扩散的渠道运用在僵尸企业问题上，有助于更加形象、深入地理解僵尸企业的风险外溢。

在研究僵尸企业对银行的风险溢出效应时，通过手工整理和计算，利用股价数据构建了僵尸企业的收益率序列，通过股价这一包含多种信息的变量来研究风险溢出，并创新性地运用到 CoVaR 这一经典金融风险模型中，证明并测算出了僵尸企业对银行的风险溢出，此外还利用社会网络分析方法计算出的中心度检验了网络位置对僵尸企业风险溢出的影响；在研究僵尸企业风险在担保网络中的溢出时，采用社会网络分析方法构建了是否在僵尸企业担保网络中这一主要解释变量，并实证检验了处于僵尸企业担保网络中企业的价值将受到影响，信贷扭曲程度更严重，而其后果就是进一步放大风险，最终将风险转移到金融体系。

本书采用社会网络分析方法将僵尸企业贷款损失与由此引发的风险传染相联系，有效弥补了传统研究计量方法在刻画风险传染过程中的不足。本书对僵尸企业风险溢出的动态仿真，能够刻画现实中僵尸企业与银行之间的关联特征及风险在网络中的动态溢出，有利于实时监控僵尸企业的风险溢出。这对研究僵尸企业债务处置可能导致我国银行业各类风险指标的变化有一个量化方面的参考，从而能够有效隔离、截流、阻断、疏导和控制僵尸企业风险溢出，提高僵尸企业管理的质量与效率。

| 第二章 |

文 献 综 述

第一节
僵尸企业相关文献

从现有文献来看，对僵尸企业的研究主要集中在产生原因与识别、影响效应与治理等方面。近年来，我国经济面临着"高债务、高税负和通缩"的考验，三重效应的叠加给我国实体经济的发展带来了极大阻碍，使其陷入"效率减速冲击"的困局，也就是供给效率的下降，这将形成大量过剩产能。再加上地方政府为保稳定、银行为掩盖不良贷款率而不断提供资金支持等多重原因，于是滋生了大量僵尸企业。然而在我国的大量政策和文献中，虽然屡次提到"僵尸企业"这个概念，但尚未对其有一个统一的定义。"僵尸企业"这个概念最早可以追溯到美国经济学家凯恩（Kane，1987），他在研究中将次贷危机中出现的一些效率低下的存储机构称为"僵尸"，认为它们之所以能继续存活得益于联邦政府的扶持。类似地，僵尸企业的本质也应该是失去了经营活力，在正常的市场竞争中将会被淘汰，但却因为政府或者金融机构的扶持而存活下来。卡巴列罗等（Caballero et al.，2008）指出，可以通过一个企业所支付的利息是否过低作为判断僵尸企业的标准，即利息缺口。2015 年，国务院常务会议在指出要加快处置僵尸企业时给出了"不符合国家环保和能耗等要求、不符合结构调整方向、持续亏损三年以上"的判断标准。[①] 可以看出僵尸企业的定义随其识别方法而呈多样化，因此国内学者主要针对僵尸企业的识别展开了大量研究，并在借鉴国外经验的基础上，针对我国僵尸企业形成的原因提出了不同的识别方法；然后是对僵尸企业的影响效应与治理进行研究。因此，本书首先从这两个方面对现有关于僵尸企业的文献进行了梳理。

一、僵尸企业的产生原因与识别

僵尸企业的产生有两个必要条件：首先，僵尸企业"僵而不倒"，表明企业本身的状态是已经陷入经营困境，并且由于生产效率的低下而无法扭亏为盈。程虹和胡德状（2016）指出，企业的内部微观因素是僵尸企业形成的根源，相较于正常的健康企业，僵尸企业的产品质量低下、技术创新能力不足，并且企业管理者缺乏企业家精神。申广军（2016）从新结构经济学的角度指出，不符合比较优势的企业由于没有充分利用生产优势而将自身能力削弱，并且这类企业会将更多的资源和精力用于维护与政府或者银行的关系上，因此生产效率低下，也更容易成为僵尸企业；另外，僵尸企业之所以没有在正常的市场竞争中被淘汰，是因为有政府或者金融机构的持续帮扶、"输血"。高额的政府补助会加大僵尸企业的形成风险（饶静和万良勇，2018）。"输血"方式除了通过直接发放财政补助、出台优惠政策等，还会通过干预银行信贷的方式实现对其的资金支持，如放松监管政策、补助政策的倾斜等。再加上银行自身出于掩盖不良贷款的动机也会不断为其续贷、展期，由此滋生了大量僵尸企业（刘奎甫和茅宁，2016）。其中，银行掩盖贷款损失的动机被国外学者普遍认为是导致

---

① 2015 年 12 月 9 日，国务院常务会议在北京召开，明确指出要加快清理和处置僵尸企业。

僵尸企业产生的主要原因，这一点也在我国得到了验证（Peek & Rosengren，2005；Lin et al.，2015；Hoshi & Kashyap，2004；Fukuda et al.，2006）。邓洲（2016）认为我国大量国有僵尸企业的存在是由于国企改革不彻底，未能根除制约国企发展的障碍。而地方政府对要素市场不当干预会带来一系列严重的后果，如造成市场扭曲，以及由于市场供需不平衡造成的产能过剩（鞠蕾等，2015）。王万珺和刘小玄（2018）将影响僵尸企业产生的因素分为两类，包括市场和非市场因素。相对来说，非市场因素（如宏观政策）会对企业僵尸化产生更加显著的影响，从另一个方面证实了制度性因素是僵尸企业得以长期存在的根源。

僵尸企业的识别方法随成因出现不同的侧重点。国外学者的研究集中在以银行救助为核心的识别标准，如2008年卡巴列罗、何西和卡什亚普（Caballero，Hoshi & Kashyap）根据计算出的最低利息与企业实际支付的利息相比较来判断企业是否获得银行信贷补贴，该研究以他们名字的首字母缩写命名，被称为CHK方法。在他们研究的基础上，福田和中村（Fukuda & Nakamura，2011）进一步提出了增加企业是否"盈利"和"持续贷款"判断标准的复合判断方法，被简称为FN方法。不同于国外研究主要关注银行救助对僵尸企业形成的影响，国内学者发现除了银行救助，政府的不当干预在我国僵尸企业的形成过程中同样起着关键性的作用，甚至政府会通过干预银行贷款而给僵尸企业提供资金支持。因此国内学者结合我国的实际情况，进一步提出了一些考虑政策因素或政府干预的识别方法。例如，朱舜楠和陈琛（2016）按照官方标准，把"持续亏损三年及以上"纳入识别僵尸企业的标准中，并按照亏损年数对僵尸企业进行了分类。栾甫贵（2018）构造了"企业输血率"标准，即当年企业的经营活动现金流中有多少是来自外部的"输血"，通过其所占比重是否过高来做出判断。除了这种相对值的判断方式，还有一些国内学者通过绝对值的方式（如在净利润中扣除政府补助的部分），在银行救助的FN-CHK等识别方法的基础上构建了符合中国实际的僵尸企业识别标准（何帆和朱鹤，2016；张栋等，2016）。黄少卿和陈彦（2017）则更进一步考虑了时间的因素，将"三年持续被识别为僵尸企业"纳入识别的标准。

二、僵尸企业的影响效应与治理

有关僵尸企业影响效应的研究较为丰富，对僵尸企业的普遍认识是，它的无效存在占据了大量社会资源，整个社会的资源配置效率被拉低（Caballero et al.，2008）。西村等（Nishimura et al.，2005）用微观数据研究日本企业竞争的优胜劣汰机制时，发现僵尸企业造成了"劣胜优汰"的竞争扭曲。坦等（Tan et al.，2016）指出政府投资使更多的生产要素向僵尸企业倾斜，僵尸企业的产出以牺牲正常企业生产效率为条件得到了提高。部分僵尸企业甚至追加投资且效率普遍较低（Fukao & Kwon，2006），加剧产能过剩。卡巴列罗等（2008）的研究发现日本正常企业的生产率会受到僵尸企业的影响而显著降低，并且其合理投资也被抑制，产生投资的挤出效应。这一点也在学者们对不同国家僵尸企业的研究中得到了验证，例如，何希和基姆（Hoshi & Kim，2012）以韩国的僵尸企业为样本进行了投资挤出效应的实证研究，谭语嫣等（2017）以我国僵尸企业为样本也进行了类似的研究。此外，僵尸企业使资源配置错位的同时，信息透明度也大大降低。戴泽伟和潘松剑（2018）研究僵尸企业对信息质量和信息环境的影响，发现僵尸企业信息透明度具有传染（溢出）效应，当省份僵尸企业密度越大时，非僵尸企业信息透明度越低，从而影响了整体的信息环境。僵尸企业造成的这些资源错配、信贷扭曲等后果又会影响非僵尸企业的创新能力（王永钦等，2018），产生创新挤出效应。同时，僵尸企业所依赖的财政补贴会加大地方政府的财政压力，使非僵尸企业承受更高的实际税负，产生税负的扭曲效应（李旭超等，2018；金祥荣等，2019）。

在如何处置僵尸企业的问题上，国外学者给我们提供了一些治理经验。贾尔科夫斯基（Jaskowski，2015）指出银行给僵尸企业提供"僵尸借贷"甚至可能是其最佳策略，因为只有这样银行才能继续经营下去，可以说符合其长期经营战略。因此即使日本经济由于僵尸企业而造成了"失去的十年"，也难以阻止僵尸借贷的存在，日本政府不断给银行注资的做法并没有从根本上解决问题。针对日本的经验教训，何希和卡什亚普

（Hoshi & Kashyap，2010）指出美国政府在处置2008年金融危机产生的大量僵尸企业时采取的方法是分类处理，即针对不同类别的僵尸企业分别制订不同的处置计划，例如，对于重整希望大的僵尸企业尽可能救助，而失去了重整价值的则让其尽快顺利退出市场，从而成功避免了像日本僵尸借贷造成经济损失的情况发生。这也依托于美国较为完善的《破产法》，包括其中的公司重整和破产制度（彭小霞，2012）。立足我国的特殊情况，邓洲（2016）认为应该充分利用市场的淘汰机制，让僵尸企业在市场竞争中得到有序清除，但前提是要有规范的退市法律法规，以保障市场机制的顺利运行，并且要加强对僵尸企业的调研摸底，能够对其进行整体把控。黄少卿和陈彦（2017）也提出了通过对僵尸企业分类来进行处置的对策。熊兵（2016）则认为僵尸企业的清理处置需要更加完善的法律和制度保障，并且提出了改进的债务重整计划。他指出我国现有的《企业破产法》还存在许多不完善之处，例如，在重整过程中判断企业是否有重生的可能性时，规定由债务人或者管理人在规定期限内提出重整计划，否则将由人民法院直接宣告债务人破产，因此如果债务人没有及时提出重整计划，将很可能损害债权人的利益。为了让有重整可能性的企业最大可能地得以重生，债权人应该有权利为有重整意愿的企业制订重整计划。同时由于僵尸企业涉及的利益者众多，不仅应成立第三方机构推进僵尸企业的处置工作，在情况允许的条件下还可以成立破产法庭以专门处理破产重组案件。

由于僵尸企业形成的关键机制在于财务状况十分糟糕的企业也能持续获得借款（刘奎甫，2016），因此如何使僵尸企业庞大的债务得到有效处置、防止由债务导致的风险蔓延是僵尸企业清理工作的重点和难点。我国关于僵尸企业债务处置的相关研究中，朱舜楠和陈琛（2016）针对僵尸企业无法清偿到期债务的问题提出了剥离不良业务、债务重组等办法。刘方和俞苇然（2017）总结了国外债务处置的方式以及其中存在的问题，指出我国僵尸企业的债务处置也应该分类处理，同时应该有相关的政策支持。例如，对于僵尸企业不良贷款的核销，应该制定具体的核销标准，此外还包括不良贷款的转让政策等。但是对于以上提及的僵尸企业或僵尸企业债务分类处置建议，学者们并没有提出具体的分类标准和处置办法，对于如何防止由僵尸企业债务导致的风险蔓延也缺乏专门的研究。

第二节
风险溢出相关文献

风险溢出源于主体之间的内在联系，表现为一个或一组主体的负面冲击对与之关联的其他主体的影响。现有关于风险溢出的研究主要集中在宏观金融体系内的金融风险溢出、微观企业间的风险溢出、实体企业与金融行业间的风险溢出和风险溢出的量化研究四个方面。

一、宏观金融体系内风险溢出

金融风险的溢出（financial risk spillover）主要是由于金融市场间的相互依赖而导致各个金融市场的波动（主要指资产收益率波动）存在关联，这是因为不同市场的资产收益是密切相关的，一旦这种金融市场波动传导机制的结构性被破坏，超过了正常波动范围，金融风险便可能以几何扩张的方式发生溢出。例如，市场回报原本拥有尾部依赖的特征，在受到冲击时如果这个尾部依赖的结构遭到了破坏，说明很可能发生了风险溢出。因此可以根据区域内极端收益的一致性来进行判断，这种一致性是由于尾部依赖而形成的，当一致性不存在时也就说明尾部依赖遭到了破坏。

在如今金融市场一体化不断发展的时代，金融市场间的联结也随之不断加深，一个金融市场出现的突发性风险会迅速传导至其他市场，引发系统性金融风险，甚至在全球引起巨大的冲击。1997 年、2008 年分别爆发的亚洲和世界金融危机便是经典的危机传导例证，同时也促使国内外众多学者将研究对象锁定在国家之间金融危机的传导上。例如，泰穆尔（Taimur，1999）等就在东亚金融危机爆发后，研究了危机是如何在各国之间进行传导的。莱因哈特和卡明斯基（Reinhart & Kaminsky，1999）则主要从信贷风险的角度出发对其传导机制进行了研究，并且提出金融市场存在一种从众的恐慌现象，也称之为"羊群效应"。克里斯托弗森（Christoffersen，2002）和凯文（Kevin，2005）则对金融风险的联动效应进行了研究，并且认为正是由于这种效应的存在，导致风险由点到面迅速爆发，乃至造成全球性的金融危机。此外，金融系统内不同部门间的风险传染以及不同部门对金融系统风险的贡献度也是学者们的主要研究对象。迪博尔德和伊尔玛兹（Diebold & Yilmaz，2012）对美国1999~2010年的股票、债券、外汇和商品市场的波动率进行了分析，结果发现次贷危机前市场间的波动率较低，而在危机发生后，跨市场的市场波动溢出大幅提升。陈建青等（2015）的研究发现风险在金融行业间的溢出具有非对称性和正向性。

从金融风险溢出的机制来看，银行资本业务的紧密性使得金融机构相互关联，因此可以说银行机构助推了金融危机的传导。而银行业危机之所以迅速扩散是因为同业拆借市场的存在（Bandt & Hartmann，2012）。赖斯贝享和韦德曼（Rijckeghcm & Weder，1999）通过实证证明了银行风险的溢出将对社会经济产生影响，因为银行业的危机将导致整个社会货币流通无法顺畅进行，陷入货币流通危机，并且影响面不断扩大。艾伦和盖尔（Allen & Gale，2000）首先建立了一个银行与银行之间的网络模型来研究财务危机在银行之间的传导，通过探寻其传导规律，他们发现银行和银行通过信贷业务建立的关系是危机传导的根本原因。在此后的研究中，艾伦和卡莱蒂（Allen & Carletti，2005）进一步建立了包含银行和保险的两部门模型，研究结果发现商业信贷风险首先通过转移到银行再进一步在不同金融部门间扩散，成为引发部门之间危机传导的根源。厄珀和沃尔姆斯（Upper & Worms，2004）对德国的银行风险溢出进行了动态仿真，以银行与银行之间的业务关系构建矩阵，模拟一家银行破产时造成的影响，发现大多数银行的破产都会产生连锁反应，并且经过几轮扩散后会导致其他银行相继倒闭，由此证明银行间存在风险溢出。李守伟和何健敏等（2010）借鉴厄珀等的方法构建了类似的网络模型，估计我国各个银行对系统风险的贡献大小。可以看出，银行成为放大金融风险的中间机构，因此要严密监控银行业的风险，尤其在以银行为主体的我国金融体系中，所有能引发银行危机的可能因素都值得特别关注。其中银行信贷作为企业的主要外部融资来源，企业向银行的贷款中所蕴含的信贷风险值得警惕，特别是本书所研究的僵尸企业，其大量债务处置稍有不当，便存在引发系统性风险的可能。

二、微观企业间风险溢出

微观企业的风险在很大程度上是企业自身的财务风险，学者们在研究风险在企业间的溢出时大多以企业陷入财务危机或者困境为基础。关于企业是否发生财务风险的认定，阿特曼（Altman，1968）、奥尔森（Ohlson，1980）等都是通过企业的历史财务指标建立模型来对未来的财务状况进行预测。还有部分学者给出了一系列财务风险的认定标志，按照程度不同可以分为两类：一种是不同程度的财务困难，如企业发生流动性短缺、资产重整等；另外一种是较为严重的企业破产，并且由于破产事件具有高度可识别性且相对于其他状况有较为完备的《破产法》予以支撑，常常将其等同于财务困境（Beaver，1966）。

微观企业间以多种方式相互连接，从连接方式来看，有关企业间风险溢出的文献大多聚焦在以下几个方面。

首先是企业集团内部各子公司间可能发生财务风险溢出（银莉，2009；银莉和陈收，2010；纳鹏杰和雨田木子，2017）。卡夫拉莱斯等（Cabrales et al.，2014）指出某一企业的流动性风险会在集团企业间传染。李秉成等（2019）通过实证证明企业集团内部存在财务风险传染，并进一步发现了资金与担保交易、关联交易和负债融资这三条传染路径。

其次是供应链上的风险溢出。企业陷入财务困境的主要原因是资金周转不灵、企业资不抵债，因此企业一旦破产对利益相关企业的影响较大，尤其是处于供应链上的企业破产将会对上下游企业产生较大的负面影响，这也成为风险溢出的主要研究对象。藤器（Fujiware，2008）对日本的企业破产数据进行收集，时间跨度长达 10 年，通过对这些数据的分析，他发现其中大部分是连锁式企业破产，并且受这种上下游企业间的破产影响，所导致的企业破产数量远大于由于企业本身因素造成的企业破产数量。王海林（2006）指出上下游企业凭借共同利益形成了合作联盟，但由于各自追求自身利益最大化而产生的利益冲突导致该合作联盟是松散的，一个企业的财务危机会通过供应链上的经济联系而影响上下游企业。布拉德利和鲁巴赫（Bradlry & Rubach，2002）对供应链上企业风险传染的原因进行了分析，发现上下游企业间往往通过商业信贷方式进行交易往来，于是成为风险传染的主要"纽带"。博伊萨伊（Boissay，2006）对这种企业间的商业信贷的风险溢出强度进行了研究，通过它们之间的商业借贷建立了相互关联模型，并通过数据模拟发现一个本身财务状况良好的企业，如果它的下游企业发生了财务危机，那么这个企业本身也有 4.1% ~ 12.8% 的概率发生财务危机。进一步，加蒂等（Gatti et al.，2009）建立的供应链模型包括三个主体，也就是在上下游企业的基础上加入了银行主体，并且通过仿真发现风险在这个供应网络模型中传导的原因除了商业信贷以外，还包括银行的财务政策，如利率水平等。

企业间的另外一个重要的连接方式是通过相互担保向金融机构融资，这种相互交叉使企业间的联系越来越紧密的同时，风险溢出也逐渐成为企业连环破产的重要原因。互保联保成为企业获取信贷的重要途径，但是其中隐含的不确定性也比较多。例如，库克和斯佩尔曼（Cook & Spellman，1996）在研究中发现，如果借款者的担保人本身违约率就比较高的话，那么其所取得的贷款就必须支付更多的溢价。借款人违约对担保人的影响也不言而喻，也就是说担保双方的财务质量都会对担保事件产生影响。在我国经济运行趋缓的前提下，这种不确定性引发的担保圈违约问题不断涌现，因此风险担保网络中的溢出问题也逐渐受到学者们的关注（刘海明等，2016a，2016b；徐攀和于雪，2018；张泽旭等，2012）。当信用担保被广泛使用时，这种相互担保的关系将企业连接在一起形成了担保网络，企业就像网络中的点，而担保关系就是连接点与点之间的线条。担保网络产生的风险存在以下特点：首先，网络的存在使得风险传染呈现出非线性的特点。整个担保网络所累积的风险并不等同于每个企业风险的大小之和，风险会随着担保网络规模以几何方式增长。其次，由于担保网络的复杂性，会导致信息更加不对称，因此担保网络很难被银行识别，其中隐藏的风险也往往容易被忽视（陈道富，2015）。最后，由于担保网络所具有的高度传染性，只要网络中一家企业出现了问题，风险便可能沿着网络链条迅速蔓延至整个网络。因此，这种以信用担保为基础而形成的担保网络更需要受到社会的监督，网络中的企业也应该严格筛选。本梅勒克和伯格曼（Benmelech & Bergman，2011）通过识别抵押渠道为破产企业的负外部性提供了新的证据。破产企业会通过影响行业抵押品的价值而增加健康企业的融资成本，使得风险扩散至其他正常企业。孟佐达（Menzoda，2010）研究发现，杠杆在经济扩张期会不断上升，当升高到一定程度时就会触发抵押品约束，引发抵押资产价值和质量的下降。抵押品价值和质量的下降会影响借款人的资金获得，因此可获得资金的下降又会进一步导致产出和要素分配的下降。王玉玲（2018）指出互保联保现象普遍存在于高杠杆企业中，一方面高杠杆对风险的溢出有放大的作用，可能引发企业集体违约，风险随着担保链传递至银行；另一方面当其中某个企业偿债能力下降并出现问题时，企业可能出于融资成本等因素的考虑而对民间贷款进行优先偿还，银行利益在一定程度上进一步受到损害，最终由银行承担绝大部分损失；同时风险在银行的积聚可能导致金融体系危机的爆发，这又会反过来对非金融企业造成融资困难等不利影响，最终形成一种循环反馈机制。

三、实体企业与金融行业间风险溢出

一方面，金融机构在企业间的风险溢出过程中起着"金融加速器"的作用。例如，银行可能受企业破产的影响而改变信贷政策，同行业的其他企业向银行贷款时将面临更高的贷款利率，风险从而被加速传递至其他企业（Gatti et al.，2005）。类似地，伯南克（Bemanke，2009）也认为在危机产生的过程中，金融业起着重要作用。实体部门所发生的风险会通过金融部门加速扩散至其他实体部门，完成从局部到全面的风险演变。可以看出金融机构在这个过程中扮演了两个角色，一是受到实体部门风险溢出的影响，并将风险在金融机构间扩散；二是反过来将扩大后的风险再次传递至实体部门。本书所研究的僵尸企业对银行的风险溢出，即是第一个层面的风险溢出，没有考虑第二个层面银行的反馈作用机制。

另一方面，实体企业与金融机构间的信贷关系使企业的违约风险最终转移到金融体系，因而对企业违约风险评价、企业融资结构对金融机构风险的影响方面的研究较为丰富。巴蒂斯顿等（Battiston et al.，2007）发现企业的债务杠杆越高，其违约信用风险也就越大。约塔基和摩尔（Kiyotaki & Moore，2002）在研究日本经济大萧条时期的风险传递机制时，将企业风险传导机制分为两种，一是企业无法及时偿还贷款导致相关企业连锁违约，不断拉长不良贷款的链条；二是资产的抵押价值随着企业资产价值的降低而减少。邱等（Chiu et al.，2015）的研究发现金融市场风险受到非金融企业的债务融资及其融资成本的影响，即非金融企业对金融市场风险溢出的存在。在此基础上，朱波等（2018）通过实证证明，虽然非金融企业的融资结构在不同时期对金融市场风险溢出效应存在不同程度的影响，但大致可以得出的结论是其对金融市场风险溢出效应与短期负债占比呈正相关。黄剑辉和李鑫（2018）指出，在非金融企业部门杠杆居高不下的情况下，如果无法从供给端提高生产力、改善企业经营绩效，企业的债务风险将得不到有效防控，最终风险将传导至银行体系。

但是具体测度某个或某类实体企业风险对金融行业风险溢出大小的研究较少，现有文献大多集中在房地产业与银行业风险传染的角度。这主要是由于房地产行业的资金占用量大并且周转周期长，属于资金密集型行业，因此房地产价格波动所导致的银行资产价格波动较大且容易被捕捉。迪卡等（Duca et al.，2010）认为，美国商业地产的房价波动，极大地推动了银行倒闭。国内学者针对房地产对银行的风险传染也进行了较为全面的研究。刘向丽和顾舒婷（2014）从房地产价格波动的视角分析二者的溢出效应。江红莉和何建敏（2014）研究了房地产市场与银行体系之间的相关性，认为当房价持续走低时，房地产行业和银行体系易呈现共生风险。王辉和李硕（2015）在江红莉和何建敏研究的基础上加入了银行的整体关联性，认为当一家银行面临偿债问题时，会造成多个相关联的银行受到影响，若不进一步控制，可能造成金融危机。而房地产市场与银行市场组成的金融体系比银行间市场体系更为脆弱。孙艳霞等（2015a，2015b）运用网络模拟法，将房地产贷款作为银行面临的共同风险敞口，研究了银行间的风险传染以及房地产对银行的风险传染，认为房地产业对银行业的风险溢出影响较大。王粟旸（2012a；2012b）指出在对银行发生风险溢出的主体中，房地产市场的强度远大于其他市场。

四、风险溢出研究的量化方法

风险溢出量化方法是风险溢出研究的基础。早期对于金融风险传染的定量研究方法主要是建立在相关系数的基础上。克里斯汀和罗伯托（Kristin & Roberto，2002）指出收益的相关系数之所以会发生变动，归根结底还是因为市场产生了波动。因此不同市场之间的风险溢出大小通常用股票收益的相关性来衡量，并用相关性的变动大小来代表市场的波动程度。此外，不同市场间的传染强度也可以用此来衡量（Cipollini & Kapetanios，2009）。但这一方法的缺点是相关系数只能用来衡量线性关系的大小，而金融市场中往往存在许多无法被准确捕捉的非线性变化，如金融时间序列普遍存在的波动率聚集现象，因此可能会对结果产生影响。恩格尔（Engel，1982）所构建的 ARCH 模型较好地解决了这个问题，该模型衡量风险溢出的方式正是通过捕捉波动率聚集的特点来进行的。博勒斯莱文（Bollerslev，1986）在该模型的基础上进行了完善，使模型在更具有普适性的同时提高了准确性，其构建的模型被称为广义的 ARCH 模型（即 GARCH 模型）。尽管此模型对数据有较高的要求，在现有文献中，GARCH 系列模型仍然在风险价值研究方面得到了广泛的应用，因为它可以很好地衡量风险波动溢出的程度。刘和潘（Liu & Pan，1997）应用该模型研究了美国和日本市场的收益波动对包括中国香港在内的四个亚洲市场的溢出效应，研究结果表明日本市场的影响力不如美国市场。类似地，爱德华兹（Edwards，1998）在对阿根廷的市场波动进行研究时也运用了该模型，并且发现智利对阿根廷有较为稳定的风险溢出效应，而墨西哥的市场波动影响具有不稳定性。此外，在用 GARCH 模型研究金融危机传导时也具有很好的适用性，如孙和张（Sun & Zhang，2009）在研究我国受美国次贷危机的影响时，使用该模型得出了"我国香港地区受影响较大，相较于内地价格波动更加显著"的结论，这也比较符合我国的实际情况。随着计量工具的不断发展，阿德里安和布伦纳迈尔（Adrian & Brunnermeier，2011）提出了用条件风险价值模型（conditional value at risk, CoVaR）衡量一家金融机构出现风险损失时对其他金融机构或整个金融系统的影响大小，所计算出来的风险增加值可以衡量金融机构的风险对整个系统风险的贡献度。高国华和潘丽英（2011）运用动态 CoVaR 模型研究了我国四大国有银行对银行系统风险的溢出效应。目前 CoVaR 方法也被应用于不同市场之间风险传染和溢出的研究。按照风险损失计算方法的不同，CoVaR 的计算可以分别采用 GARCH 模型和分位数回归法，如袁圆和戚逸康（2019）利用 BEEK-GARCH 模型研究证明了房地产市场与整体股票市场间存在风险溢出，并通过计算 CoVaR 值判定房地产板块有可能引发整体股市的系统性风险。江红莉和何建敏（2014）则运用分位数回归的方法来对房地产业与银行业之间的 CoVaR 大小进行测算，并且发现它们之间的风险溢出是双向的。

随着计量手段和方法的不断进步，越来越多的学者提出了网络关联这个新的风险溢出研究视角。格拉瑟曼和杨（Glasserman & Young，2016）指出，由于金融市场参与者之间存在复杂的网络联系，既包括直接的联系方式（如交易对手关系、资产负债联系等），也包括间接的联系方式（如共同的客户群体等），由此构成了风险在网络间的传播途径。网络理论（network theory）认为企业的行为动机会随着关系的嵌入而发生改变，社会关系嵌入的程度不同，企业间的联系强度（tie strength）也就不等，因此风险传播也随之呈现出迥异的特点。复杂网络理论（complex network theory）由此应运而生，并且由于其应用范围较广，能够对日益复杂的问题进行分析，因此得到了快速发展。复杂网络是由大量的网络节点（nodes）及连接节点之间的线（links）所构成的，因此在社会活动中，所有的个体都可以通过一定的关系线组成一个网络。较早把这个理论应用到金融系统的研究中的是博伊萨伊（Boissay，2006）和玛斯等（Masi et al.，2006），金融系统里的各部分通过金融关系组成了一张巨大的网络，这些学者分别对奥地利和意大利的金融网络结构进行了分析。此外，网络结构对风险的溢出程度、范围有着不同的影响，卡拉斯和詹森特（Krause & Giansante，2012）通过仿真模拟对这一点进行了研究。目前，许多学科和研究领域开始结合网络展开，如社会网络、信息网络等。陈运森（2015）就从社会网络的角度出发，研究了企业经营和投资效率受网络位置的影响程度。近年来，研究网络关系对企业发展影响的文献也逐渐增多，但大多是基于董事个体特征或政治关联等进行的研究（陈运森和谢德仁，2011a，2012b），鲜有从企业，尤其是僵尸企业与银行的网络关系视角研究风险溢出问题的。僵尸企业与银行、互保联保企业之间的债务关系相互交织，形成了一个复杂的网络，其中任何一个节点出现问题，都有可能引发风险的传染，因此采用社会网络分析方法对分析风险溢出关系十分有益。

第三节
研究现状评述

对于僵尸企业的研究经历了对其进行识别、原因分析、带来的经济后果以及合理处置几个方面的不断发展，并且研究的侧重点随着僵尸企业的不同现状而有所不同。在我国供给效率低下、产能严重过剩的当下，僵尸企业的处置成为产业转型升级的关键，因此对僵尸企业的合理处置及可能带来的风险应成为关注的重点。虽然我国政府高度重视僵尸企业，并已大刀阔斧对其进行改革或者处置，但国内关于僵尸企业的理论研究在某种程度上滞后于改革步伐。具体来说包括以下两点。

一是对于处置僵尸企业过程中所产生的风险及溢出没有得到重视。学者们主要从僵尸企业的投资挤出、税负扭曲和信息透明度的溢出效应等方面展开对僵尸企业经济后果的研究，鲜少对僵尸企业债务导致的风险溢出进行研究。虽然有学者针对僵尸企业债务提出了分类处置的建议，但并未提出具体的分类标准和办法。

二是现有关于实体企业风险向金融机构溢出的研究较少，因而更是缺乏僵尸企业对银行风险溢出的研究基础。已有研究在探讨实体企业违约风险对银行业系统风险的影响时，主要单从企业主体或银行主体出发，较少将两个主体连接起来，这是因为传统方式较难对跨主体风险进行计量。少数涉及跨主体风险溢出的文献也主要集中在房地产业与银行业系统之间的风险传染，这主要是由于房地产业的资金密集型特点，导致房地产企业贷款违约风险极易对整个金融体系产生较大影响，房地产价格波动所产生的影响较大，判断风险是否向银行溢出的特征容易被捕捉。因此对于风险溢出的研究，国内外大都集中在宏观金融体系内的风险溢出和微观企业间的风险溢出两个方面。其中，对金融体系内的风险溢出研究也大多侧重于不同市场之间（如股票市场、证券市场和保险市场）的金融风险传导；从企业这个微观的角度对风险溢出进行的研究，主要以企业陷入财务危机或财务困境为基础，研究风险在上下游供应链企业、互相担保企业以及企业集团内的溢出。

虽然有关僵尸企业的理论研究存在上述不足，但也为本书的研究设计带来了启示。首先，僵尸企业从本质上来说是一种特殊情况的财务困境企业，且其形成是一个渐进的动态过程，从初始陷入困境的轻度僵尸化逐渐演化成重度僵尸化，除了由于在政府和银行的不断资助下无法实现破产清算，其余情形均符合财务困境的其他特征，甚至在这个过程中僵尸企业无法扭转经营困境，不断挤占其他企业资源，比一般财务困境企业累积了更多的风险；而这些风险通过资金这个主要的纽带，极容易与其他相关主体发生交叉传染，使风险在相关主体间迅速扩散，甚至全面爆发从而造成系统性危机。因此本书从资金这一载体出发研究僵尸企业对银行的风险溢出，旨在更加深刻地理解僵尸企业的风险溢出机理，助力于对僵尸企业债务处置过程中的风险进行全面防控，防止系统性金融风险的发生。

其次，针对涉及两类主体的风险溢出较难计量的问题，僵尸企业作为与房地产企业相似的一类资金占用量大的企业，其风险溢出的计量方式可以参照房地产业风险溢出的计量模型。此外，网络结构作为一个新的风险溢出研究视角，可以更为全面、准确地把握风险的联动传染机制（Allen et al.，2008；宫晓琳，2012）。僵尸企业与银行之间存在密切的信用关系，使得僵尸企业贷款的信用风险具有很强的传染性。一旦僵尸企业因负向冲击（如政策原因）而发生大规模违约，不仅会将风险直接溢出至银行，还会通过担保网络的信用链条溢出至整个担保网络，最终溢出到银行体系。但是，当下僵尸企业的风险通过担保网络这条间接传染渠道传染往往容易被忽视。本书的研究在僵尸企业信贷关系网络的框架下同时考虑多个主体，综合考察僵尸企业风险通过银行信贷的直接溢出和通过担保网络的间接溢出对银行产生的影响，不仅可以形象地刻画僵尸企业的不同关联程度和风险溢出程度，还能够甄别僵尸企业风险的中心来源，最后还可以根据该网络构建动态仿真模型，模拟得到僵尸企业风险溢出强度的阈值。

第三章

经济、制度背景及僵尸企业识别

第一节
僵尸企业的经济环境

僵尸企业是在多方因素的共同作用下产生的，其中一个主要形成原因是企业经营状况差，失去盈利能力。企业除受自身的治理结构、激励机制等内在因素影响而导致经营效率和盈利能力出现问题，还会受到经济周期、货币政策等宏观因素的影响；并且由于企业所处的宏观经济环境可以在大范围内对企业整体盈利能力产生影响，故而可以在一定程度上解释僵尸企业的数量变化特征，因此本节首先对僵尸企业所处宏观环境进行介绍。

一、经济周期

经济周期是经济活动经历一个有规律的波动循环所需要的时间。经济波动中既有经济扩张的阶段，也包含经济收缩的阶段。在不同的阶段，经济增长速度所呈现的特点也不相同。企业微观主体的任何行为都是在宏观经济的大背景下发生的，并且受到经济波动的影响。经济繁荣时期给企业营造了较好的经营环境，而经济衰退时期的企业受环境的影响经营难度增加，更容易陷入困境，增加了企业成为僵尸企业的可能。例如，2008 年 9 月由"雷曼兄弟"公司申请破产所拉开的全球金融危机序幕，对经济产生巨大冲击并迅速演化成经济危机，经济走向衰退阶段。企业的正常信贷也受到影响，无法进行正常融资，实体经济严重受损。我国经济不可避免地受到金融危机的影响，如由于外需骤降导致我国出口规模急剧减少，2008 年 10 月进出口总额同比增速达到 17.52%，11 月即骤降为 -9.17%。类似地，企业的经营和盈利状况也受到影响而迅速恶化，相较于 2008 年 9 月 11.4% 的规模以上工业同比增加值，11 月仅为 5.4%，甚至不到 9 月的一半，比 2007 年同期下降近 12 个百分点。当月中国工业企业的利润总额同比增长仅 4.89%，远低于 8 月的 19.39% 和 2007 年 11 月的 36.68%，到 2009 年 2 月更是进一步降为 -37.27%。2008 年第四季度，中国 GDP 同比增长为 7.1%，仅为 2007 年同期的一半左右。可见，企业的盈利能力必定受到经济环境的影响，这也是我国较多学者研究发现 2008 年我国僵尸企业数量突然增加的原因（何帆和朱鹤，2015）。

在这样的国际金融危机冲击下我国经济面临着"硬着陆"的风险，政府迅速采取应对措施，推出了加快基础设施建设等十项促进经济发展的措施以及配套的财政刺激计划，使我国 GDP 增速在 2009 年第一季度触底之后迅速反弹（见图 3 - 1），甚至在 2010 年最高达到了 12.2% 的水平。规模以上工业增加值同比增速也在 2009 年 2 月重新回到 10% 以上。因此在 2009 ~ 2010 年，企业整体盈利能力在外界帮助下有所回升，僵尸企业数量及占比从理论上来说应该有所减少。

从图 3 - 1 可以看出我国 GDP 的另外一个拐点出现在 2010 年，此后我国 GDP 开始呈现出波动下行的趋势，直到 2015 年之后这个下降趋势才明显减缓，我国经济开始进入筑底阶段，多数宏观经济指标结束前期的快速下降态势并逐步趋稳，部分指标甚至表现出回升态势，只不过从整体来看可能回升力度略有不足。在这个阶段，我国经济呈下行趋势的原因是多

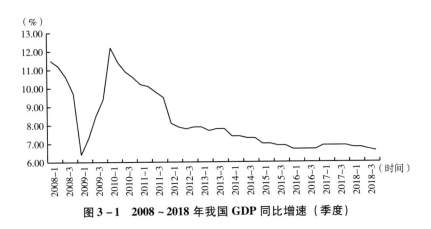

图 3 - 1　2008 ~ 2018 年我国 GDP 同比增速（季度）

方面的：首先是国际方面，2011 年的欧洲债务危机再次给我国的外需造成了冲击；其次是国内方面，由经济刺激所带来的隐患开始显现，拉动投资所带来的产能扩张与市场需求并不匹配，形成了过剩产能。这两个因素从理论上来说会导致僵尸企业的增加，但是僵尸企业的形成离不开政府和银行的支持，因而无法单从经济周期来独立解释僵尸企业的规模，还需结合相关的经济政策。

二、经济政策

经济政策既包括我们通常所讲的宏观层面的货币政策和财政政策，也包括中观层面的产业政策。企业的融资环境在得到产业政策扶持的情况下将更为宽松，陈冬华等（2018）发现受到扶持的相关产业更容易获得长期银行贷款。张纯和潘亮（2012）在将产业政策划分为鼓励性和限制性的前提下也得出了一致的研究结论，但他们发现对于某些限制性产业的相关企业，地方政府仍会给予较高的资金支持。这说明产业政策对僵尸企业形成的影响仍与地方政府利益密切相关，因此不再对其作用进行详细讨论，但从本书后续对识别出来的僵尸企业进行的行业分布特点分析结果来看，僵尸企业占比较高的某些行业也符合产业支持政策特征。

宏观政策在我的经济运行中扮演着举足轻重的角色，是帮助实现宏观经济目标的重要工具，对僵尸企业的影响较为直接。货币政策的主要作用渠道是银行贷款，企业在丧失盈利能力后之所以能够"僵而不死"，主要就是依靠银行和政府的补助。其中银行帮助僵尸企业的办法主要有以下两种：一是降低贷款利率，让企业减少利息支出；二是银行持续为其提供贷款，即使企业已经丧失盈利能力。而银行利用贷款帮助僵尸企业的能力并不是无限的，这种能力在很大程度上受央行货币政策的影响。财政政策是国家干预经济的主要手段，前面所提到的 2009 年的财政刺激政策就使整个宏观经济在遭遇金融危机冲击后快速触底反弹，但相应地也埋下了通胀的隐患。从 2010 年开始，消费者价格指数（CPI）一路上扬，同比增速在 2010 年 11 月突破 5%，工业生产者价格指数（PPI）更是快速反弹至同比增速 7.1% 的水平。随着通胀压力越来越大，央行的政策目标开始向控制通货膨胀率转变，开始不断收紧货币政策。自 2010 年 7 月开始的一年时间里，人民银行曾经前后五次上调基准利率。与此同时，2011 年当年社会融资总规模为 12.83 万亿元，比 2010 年减少近 1 万亿元。如图 3 - 2 所示，M2 同比增速在 2010 年 12 月达到 19.7% 的小高点后，一路减少至 2011 年 11 月 12.7% 的水平，不难看出这一段时期货币政策的缩紧力度和速度都非常强。直到 2012 年中旬，我国通胀水平逐渐回落至 3%，前一阶段紧缩的货币政策才有所松动，央行也随之先后于 2012 年 6 月和 7 月两次降息。同时，2012 年全社会融资规模随着信贷政策的放开达到 15.76 万亿元，再创新高，比 2011 年增加近 3 万亿元。此后货币政策继续保持稳健，直到 2014 年底才开始新一轮的降息周期。

图 3 - 2　2008 ~ 2018 年我国 M2 同比增速（月）

这些宏观经济政策的变化都会对僵尸企业产生影响。如果说经济周期影响的是企业资产负债率的需求端，也就是企业的融资需求，那么经济政策则对供给端产生影响。自 2010 年开始的经济下行阶段，企业盈利能力下降，资金需求量加大；但从供给方面来看，货币政策总体趋紧，货币供应量较之前有所下降，于是在供给与需求不平衡的状况下，国有企业相对于民营中小企业更容易从银行获得贷款，加剧企业信贷扭曲，这个时期的僵尸企业数量可能有所增长。

第二节
僵尸企业的制度背景

在我国经济增长趋缓的情况下，供给端创新不足、产能过剩，并且与需求端严重不匹配，要实现我国经济的转型升级，供给侧改革是必由之路，其中的关键就是化解过剩产能。因此僵尸企业的清理成为重要突破口，也是我国当下面临的紧迫任务。2015 年 11 月，国务院常务会议首次明确提出，要加快推进我国僵尸企业的重组整合；当年 12 月的中央经济工作会议明确了"三去一降一补"五大任务[1]，强调要把积极稳妥处置僵尸企业作为化解产能过剩的"牛鼻子"，司法部门要依法为实施市场化破产程序创造条件[2]。随后 2016 年国务院印发的关于降低企业杠杆率[3]，2017 年、2018 年落实《政府工作报告》的意见中都明确要求加快僵尸企业处置、破产清算和重整[4]。国家发展改革委 2017 年 4 月联合 23 个部、

---

① 2015 年 12 月中央经济工作会议提出了"三去一降一补"五大任务，即去产能、去库存、去杠杆、降成本、补短板。
② 出自《2015 年中央经济工作会议公报》。
③ 国务院：《关于积极稳妥降低企业杠杆率的依据》，2016 年。
④ 国务院：《关于落实〈政府工作报告〉重点工作部门分工的依据》，2018 年。

委、局印发《关于做好 2017 年钢铁煤炭行业化解过剩产能脱困发展的意见》①，在 2018 年 8 月又制定了推动和完善僵尸企业债务处置的政策体系，并在当年 12 月给出了结合去产能处置僵尸企业的流程与时限。与此同时，自 2016 年开始浙江、河北、广东等省陆续发布关于地方做好僵尸企业处置工作的文件，至 2018 年 10 月已经有 23 个省份制定了僵尸企业出清重组的时间表。一系列文件和办法的密集出台反映了解决僵尸企业问题对我国经济发展的重要性与紧迫性，也彰显了政府解决僵尸企业债务问题的决心。

僵尸企业顺利退出市场需要相应的法律制度保障，然而我国当下的法律制度尚不完备，这也给僵尸企业的处置工作增加了难度。僵尸企业顺利退出市场能够推动新旧动能转换，有利于资源的重新配置，而破产审判是帮助其顺利退出的重要司法途径，同时能够促进市场主体救治机制的完善。我国近年来不断完善相关法律体系，2007 年 6 月 1 日开始实施新的《中华人民共和国企业破产法》②。但由于我国经济体制改革尚未完成，没有充分发挥破产法在我国应有的作用，僵尸企业的顺利破产无法得到充分保障。同时由于僵尸企业破产案件多为涉众案件③，涉及的利益者众多，破产所需资料的整理困难并且案件移送时间长，因此僵尸企业较难通过正常的法律程序顺利退出市场。2016 年初，最高人民法院印发相关指导意见④以推进执行案件移送到破产审查中，为化解僵尸企业的难题起到了一定的推动作用，但是也存在一些缺陷，如缺少具体适用范围等。但随着国家法制工作的不断发展，以及对僵尸企业处置工作的不断推进和重视程度的提高，相应的法律制度也在不断完善。2019 年 2 月 25 日，最高人民法院发布了《最高人民法院关于适用〈中华人民共和国企业破产法〉若干问题的规定（三）》，通过加强破产审判，为稳妥处置僵尸

---

① 国家发展和改革委员会、工业和信息化部等 23 部委联合印发：《关于做好 2017 年钢铁煤炭行业化解过剩产能实现脱困发展工作的意见》，2017 年。
② 我国在 1986 年颁布《中华人民共和国企业破产法（试行）》，随着 2007 年新法的实行而废止。
③ 此处涉众案件是指以同一企业法人为被执行人，因相同或者不同法律关系发生的债权人人数众多，经执行机关穷尽执行措施，被执行人仍不能清偿到期债务的案件。
④ 最高人民法院：《关于执行案件移送破产审查若干问题的指导意见》，2017 年。

企业奠定了基础。

第三节
僵尸企业的识别

僵尸企业溢出效应研究的前提是僵尸企业的界定和识别。"僵尸企业"这个词虽然在国内政策和文献中屡次出现，但目前对它并没有一个统一的定义，因此识别方法也呈多样化特征。本小节分别采用五种方法对我国僵尸企业进行识别，结合僵尸企业形成的经济、制度背景，筛选出最为符合我国实际情况的方法，并将以此种方法识别出来的僵尸企业作为后续研究的基础样本。

一、僵尸企业的识别方法

最早对僵尸企业的识别并不是直接通过一些指标来判断的，而是通过一些不正常现象来推断其存在。例如，関根等（Sekine et al., 2003）在对日本银行所发放贷款的研究中发现，资产负债率较高的企业反而能获得更多的贷款，这种现象在房地产业更为明显。皮克和罗森格伦（Peek & Rosengren, 2005）通过收集日本企业数据也发现了类似的情况，更多的银行贷款发放给了盈利能力差的企业。最早提出直接识别僵尸企业方法的是卡巴列罗、霍希和卡什亚普（Caballero, Hoshi & Kashyapg, 2005），由他们所提出的这个方法也被简称为 CHK 方法，其判断标准就是企业是否获得了信贷补贴，具体的判断方法如下。

首先，根据以下公式计算出企业在最优惠利率条件下需要支付的最低利息 R^*：

$$R^* = r_s \times B_s + r_l \times B_l + r_b \times Bond \tag{3.1}$$

其中，r_s 和 r_l 分别代表短期和长期的最优利率，r_b 表示企业发行债券所需要支付的最低利率①；B_s、B_l和$Bond$则分别表示企业的短期借款、长期借款和债券规模。

其次，将企业实际支付的利息与所计算的最低利息进行对比，实际支付利息低于最低利息的企业，说明其以更低的优惠利率取得了银行贷款，就有可能是僵尸企业。根据此方法，卡巴列罗等（Caballero et al.，2008）发现 1991 年之后日本的僵尸企业占比迅速增加，原因是日本房地产泡沫的破裂导致许多问题企业的产生，并且占比最多达到了 35%。虽然该方法给出了识别僵尸企业的直接标准，但是也存在一定的缺陷，并且有学者早在该方法正式发表前的 2006 年就提到过这一点（Hoshi）：有些优秀的企业或者符合国家发展方向、政策鼓励类企业本就享受更低的贷款利率，因而可能会把这部分正常的企业当作僵尸企业识别出来，导致僵尸企业数量偏高；另外，降低利率并不是银行补贴僵尸企业的唯一的方法，银行还可以通过放宽审查等方式扶持企业，而通过这种方式得到帮助的僵尸企业无法被识别。

针对上述 CHK 方法中存在的问题，学者们采用多种方法进行了修正，比较有代表性的是田中（Tanaka，2008）以及福田和中村（Fukuda & Nakamura，2011）的研究。但是由于田中（2008）所提出的修正方法中数据较难获得②，因而没能在研究中得到广泛应用。此后被学者们所熟知并且应用较为广泛的是福田和中村（2011）所提出的复合判断标准，也称为 FN 识别方法。他们在 CHK 方法的基础上进行了改进，针对其存在的两个问题设置了两个修正标准。修正第一个问题的是"盈利标准"，即对 CHK 所识别的僵尸企业进行下一步的盈利能力判断，如果企业的息税前利润（EBIT）大于所计算出的 R^*，那么该企业被修正为正常企业。"持续信贷标准"用来修正第二个问题，即在上一步筛选后样本的基础上（即满足 $EBIT < R^*$ 的企业），如果满足企业今年的外部融资在上一年资产负债率大于 0.5 的情况下依旧有所增加的条件，那么这个企业可以被最终认定为僵尸企业。通过 FN 方法识别出来的僵尸企业占比的变化趋势与不

---

① 采用近五年来可观测到的同类企业发债的最低利率。
② 田中所提出的修正方法中公司债券发行期限数据较难获得。

良贷款率变化趋势高度一致，说明这个方法有一定的准确性。

但是这个方法没有考虑时间的因素，如一家正常企业在经历短暂的困境时也可能符合这些标准，从而被识别为僵尸企业。今中（Imai，2014）为了解决上述问题，对 FN 给出的盈利标准进行了修正，方法是用企业在一定时期内的平均息税前利润减去同一时期内的平均最优利息水平，作为改进后的盈利标准。同时，分别取 1~9 年作为时期样本，测度僵尸企业的数量，发现当所取时期为 3 年及 3 年以上时，测度出来的僵尸企业数量基本保持稳定。但是，该方法也没有考虑政府对僵尸企业形成所起的作用，如果某个僵尸企业借助政府补助等其他非常规手段取得了良好表现，就有可能成为"漏网之鱼"。

不同于国外研究主要关注银行救助对僵尸企业形成的影响，国内研究发现政府补助是我国僵尸企业形成的另一重要原因，地方政府持续性的财政补贴同样促使僵尸企业"僵而不倒"（王立国和高越青，2013）。刘奎甫和茅宁（2016）认为银行和政府都是我国僵尸企业持续存在的主要支撑力量，僵尸企业的识别不仅要考虑这两方面的因素，还要结合企业的发展前景。因此，国内学者在政府补助对僵尸企业形成的作用方面开展了更多研究（饶静和万良勇，2018），具体的改进方法一般都是结合中国的政策和制度环境所提出的。朱舜楠和陈琛（2016）直接按照官方标准将亏损 3 年及以上作为界定僵尸企业的标准，但是该种方法对于上市公司来说不具备可操作性，因为上市公司如果持续亏损 3 年及以上就必须退市。还有一些国内学者引入扣除政府补助后的净利润等方式，在国外主要考虑银行救助的 FN-CHK 等识别方法的基础上构建了符合中国实际的僵尸企业识别标准（何帆和朱鹤，2016；张栋等，2016）。还有的学者在前述学者研究的基础上进一步考虑了时间的因素，如黄少卿和陈彦（2017）将 3 年持续被识别定义为僵尸企业纳入识别的标准。

总结上述提到的僵尸企业识别方法，国外的研究主要强调银行所发挥的作用，CHK 方法的核心思路就是利用最优利率来判断一家企业是否获得来自银行的补贴，在 CHK 方法的基础上所形成的 FN-CHK 则进一步结合僵尸企业本身实际亏损、高负债的特征，以及在这种特征下依旧增加借款的行为来进行识别。国内学者则更多地考虑了政府对僵尸企业形成的影响，因此在对僵尸企业进行识别时，大多将受到政府补助纳入识别标准。具体的改进方法一般是将企业所获得的政府补贴等同于企业获得的利息补贴，因而在比较企业息税前利润和最低利息支出的大小中，还会扣除政策性补贴部分。这种在 CHK 方法的基础上形成的多种识别法，能进一步提高识别的准确性。此外，还有许多学者提出了更加丰富的改进方法，如为了排除短期性的影响因素，提出要连年或 3 年被识别为僵尸企业，黄少卿和陈彦（2017）所用的实际利润法就是如此；过度借贷法则同时考虑僵尸企业的实际情况和行为，即实际利润和持续增加借款。进一步地，如表 3-1 所示，本书将僵尸企业识别方法归为五种，在接下来的部分将分别采用这五种方法对我国僵尸企业进行识别，最后结合我国的经济、制度背景以及僵尸企业的形成因素，筛选出最为符合我国实际情况的方法，并将以此种方法识别出来的僵尸企业作为后续研究的基础样本。

表 3-1 　　　　　　　　　　　僵尸企业识别方法

方法	识别条件	文献来源
CHK	实际支付利息小于计算的最低支付利息	Caballero, Hoshi & Kashyap (2008)
FN-CHK	在 CHK 的基础上，剔除息税前利润高于计算出的最低利息水平的企业，同时加入上一年债务与总资产比重超过 50% 而今年的外部贷款有所增加的企业	Fukuda & Nakamura (2011)
改进的 FN-CHK	考虑僵尸企业可能由于获得政策性补贴使得账面利润显示为正，采用营业利润或扣除非经常性损益后净利润作为盈利指标替代 FN-CHK 方法中的息税前利润	谭语嫣等（2017）周珺和冼国明等（2018）刘莉亚和刘冲等（2019）
	人大国发院标准：连续两年被 FN-CHK 方法识别为僵尸企业	聂辉华和江艇等（2016）
实际利润法	将 CHK 方法中实际支付利息与计算的最低支付利息差作为信贷补贴，扣除各类补贴（包括政府补贴和信贷补贴）后实际利润总额连续 3 年为负	黄少卿和陈彦（2017）
过度借贷法	同时满足以下三个条件：（1）资产负债率高于 50%；（2）实际利润为负；（3）负债比上一年有所增长	Fukuda & Nakamura (2013) 李旭超和鲁建坤（2018）

二、我国僵尸企业的识别

(一) 数据来源①及处理

本书所选用的样本剔除了全部金融类上市公司和当年新上市的公司。时间跨度为 2009 ~ 2018 年，经过处理后，上市公司的总样本数量分别是：1428 个、1519 个、1848 个、2117 个、2263 个、2264 个、2380 个、2594 个、2809 个和 3255 个。

在进行僵尸企业识别时，需要用到的数据可直接从数据库中获得，计算公式中某些指标需要根据手工整理。如当期借款总额的值等于长期借款加上短期借款，其中长期借款取自资产负债表，短期借款参考谭语嫣等 (2017) 的方法用企业短期负债减去应付项计算②。此外 CHK 方法中关键的优惠利率水平也需要手工计算，我国虽然在 2013 年就已经开放对贷款基准利率下限的限制，但在实践中银行对企业的最优贷款利率往往就是基准贷款利率，只有在极少数情况下才会给企业以基准利率 90% 的优惠，因此本书用贷款基准利率衡量最优贷款利率。参考黄少卿 (2017) 的方式计算最优短期利率和最优长期利率③，计算结果见表 3 - 2。

表 3 - 2　　　　　　　　短期、长期最优贷款利率

年份	rs	$\frac{1}{5}\sum_{j=1}^{5} r\,l_{t-j}$	年份	rs	$\frac{1}{5}\sum_{j=1}^{5} r\,l_{t-j}$
2009	5. 31	6. 44	2014	5. 97	6. 26
2010	5. 35	6. 47	2015	4. 99	6. 38
2011	6. 35	6. 46	2016	4. 35	6. 30
2012	6. 26	6. 56	2017	4. 35	5. 91
2013	6. 00	6. 47	2018	4. 35	5. 53

---

① 本章所用的上市公司财务数据来自国泰安数据库。

② 因为应付项的负债属于企业经营性负债，是企业短期负债中无须偿付利息的部分，因此在计算最低利率时予以剔除，包括应付账款、应付职工薪酬等。

③ 根据每一年调息前后的时间区间和贷款基准利率，以存续时间作为权重加权平均得到各年不同期限的平均贷款利率，长期最优贷款利率分为 1 ~ 3 年 (含)、3 ~ 5 年 (含) 和 5 年以上三个档次，分别计算其算术平均数。

在充分借鉴现有文献的基础上，本章采用上述归纳的五种方法对企业进行识别，最后结合我国的经济、制度背景以及僵尸企业的形成因素，筛选最为符合我国实际情况的方法，并将以该种方法识别出来的僵尸企业作为后续研究的基础样本。

（二）CHK 方法

首先，计算出正常经营下要求企业支付的最低利息 $RA_{i,t}$：

$$RA_{i,t} = rs_{t-1}BS_{i,t-1} + \left(\frac{1}{5}\sum_{j=1}^{5}r\,l_{t-j}\right)BL_{i,t-1} \tag{3.2}$$

其次，估算企业利息收入：

$$RB_{i,t} = (AT_{i,t-1} - AR_{i,t-1} - AI_{i,t-1})rd_t \tag{3.3}$$

其中，rd_t 表示银行一年期的基准存款利率，$AR_{i,t}$ 代表企业的应收账款，$AT_{i,t}$ 代表企业的流动资产，$AI_{i,t}$ 表示存货。由于数据库中的利息支出 $RC_{i,t}$ 指的是企业实际利息净支出，也就是在利息支出中已经扣除了利息收入，在对 $RC_{i,t}$ 与 $RA_{i,t}$ 进行比较时，需要同样在 $RA_{i,t}$ 中扣除利息收入，这样才能统一比较的口径。因此需要先估算出企业的利息收入 $RB_{i,t}$。最终计算利息缺口并进行标准化后得到：

$$gap_{i,t} = (RC_{i,t} - (RA_{i,t} - RB_{i,t}))/B_{i,t-1} \tag{3.4}$$

其中，$B_{i,t-1}$ 为企业上期借债。根据卡巴列罗等（Caballero et al.，2008）的研究，如果 $gap_{i,t}<0$，则表明企业获得了补贴，识别为僵尸企业。图3-3为采用 CHK 方法测度得到的我国上市公司中僵尸企业的数量，图3-4为我国上市公司中僵尸企业占比。可以看出，使用该方法测度得出的僵尸企业数量在2009~2011年不断减少，由1127家减少至1055家，占比从71.60%下降至49.28%。随后僵尸企业数量呈逐年上升趋势，并于2018年达到峰值2446家，占当年全部上市公司样本总数的73.04%。但从整体结果来看，该方法测度得到的僵尸企业数量和占比都相当高，显然僵尸企业的规模被高估了。原因除了该方法本身所存在的高估可能性，还在于我们所选取的上市公司资质本来就比较好，而银行本就很容易倾向以较低的优惠利率为其提供贷款。因而我们进一步在 CHK 方法的基础上引入

FN-CHK 方法对我国僵尸企业进行识别。

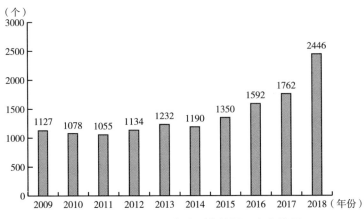

图 3 - 3 采用 CHK 方法测出的僵尸企业数量

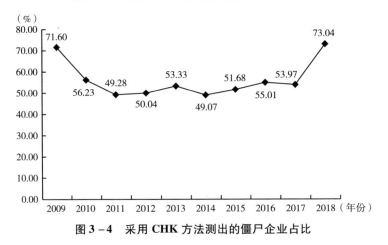

图 3 - 4 采用 CHK 方法测出的僵尸企业占比

（三）FN-CHK 方法和改进的 FN-CHK 方法

FN-CHK 方法在 CHK 方法的基础上新加入了盈利标准和持续信贷标准两个标准。"盈利标准"具体表述为：满足 CHK 标准的僵尸企业的息税前利润如果高于计算出的最低利息水平，则被视为正常企业踢出样本。任何一个优质企业的息税前利润应该高于计算出的最低利息水平，否则企业实质上就是亏损的，并且享受了银行给它的低贷款利息。计算公式为：

$$gap0_{i,t} = (EBIT_{i,t} - (RA_{i,t} - RB_{i,t}))/B_{i,t-1} \quad (3.5)$$

"持续信贷标准"在盈利标准的基础上加入两个条件：上一年的资产

负债率大于0.5以及当年的贷款有所增加。资产负债率超过50%说明企业的债务水平已经较高，如果一家企业在亏损并且本身债务负担就比较重的情况下，还能继续获得银行贷款，那么这家企业是僵尸企业的可能性很大。而人大国发院标准则是在FN-CHK的基础上进一步考虑了时间的因素，认为如果连续两年都能通过该方法将企业识别为僵尸企业，基本上可以排除正常企业短期陷入困境的可能。图3-5为采用FN-CHK方法和人大国发院方法测出的我国上市公司僵尸企业数量，图3-6为我国上市公司僵尸企业占比。从数量上来看，由于识别条件更为严格，因此按照人大国发院标准测度得到的僵尸企业数量小于FN-CHK方法所识别的企业数量。

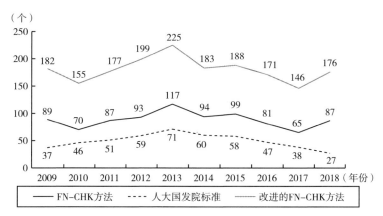

图3-5 采用FN-CHK、人大国发院标准和改进的FN-CHK测出的僵尸企业数量

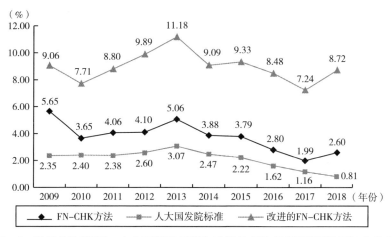

图3-6 采用FN-CHK、人大国发院标准和改进的FN-CHK测出的僵尸企业占比

相比 CHK 方法，FN-CHK 方法考虑用"盈利标准"和"持续信贷标准"进行修正，也更加符合实际。但是也可能存在测定偏误，也就是僵尸企业由于获得了政府补贴而使得财务报表上的利润总额为正，这类企业也就无法被识别出来，因此改进后的 FN-CHK 方法采用不包含非经常性损益的营业利润来替代 FN-CHK 方法中的息税前利润。从两张图中可以看到，虽然采用 FN-CHK 方法和改进的 FN-CHK 方法所识别的僵尸企业数量和占比不同，但趋势基本一致，都是从 2009~2010 年出现下降，此后呈上升趋势并在 2013 年达到峰值，分别为 117 家和 225 家，占当年全部上市公司总数的 5.06% 和 11.18%。采用人大国发院的方法所识别出来的企业同样在 2013 年达到峰值 71 家，占比 3.07%，不同之处在于呈现出逐年上升后逐年下降的特征。

（四）实际利润法

实际利润法的核心思想就是根据企业的真实经营状况来判断其是否为僵尸企业。在企业的利润中需要扣除政府补贴和信贷补贴的部分，这样才能真实反映企业的盈利状况。可以看出，这种方法同时考虑了银行和政府在僵尸企业的形成过程中所起到的作用，政府补贴在财务报表中体现在非经常性损益（NRGL）项目中，而信贷补贴可理解为 CHK 方法中的利息缺口。因此企业的实际净利润（RNP）就可以采用公式（3.6）计算。同时实际利润法也考虑了时间的因素，被认定为僵尸企业需要满足连续 3 年实际净利润小于 0 的条件。

$$RNP = NP - NRGL - (RA - RB - RC) \qquad (3.6)$$

具体的识别结果如图 3 - 7 和图 3 - 8 所示。根据对僵尸企业数量和占比的统计，从图中我们发现僵尸企业的数量特征与宏观环境对僵尸企业影响的趋势高度吻合。2008 年的金融危机滋生了大量僵尸企业，而 2009 年的财政政策使得企业盈利能力骤升，因此在 2009~2010 年僵尸企业占比有一个大幅下降。经济也在快速反弹后进入消化期（2011~2014 年），企业受到政策刺激的后遗症开始显现，僵尸企业数量呈上升的趋势；而在 2014~2016 年，我国经济下行趋势有所缓解，企业逐渐适应经济"新常态"并开始转变经营策略，因此这个时期我国僵尸企业的比例有所下降。

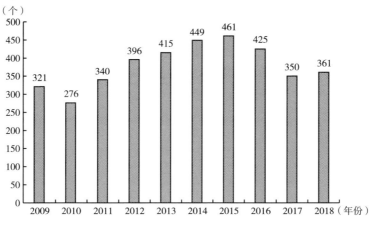

图 3 - 7　采用实际利润法测出的僵尸企业数量

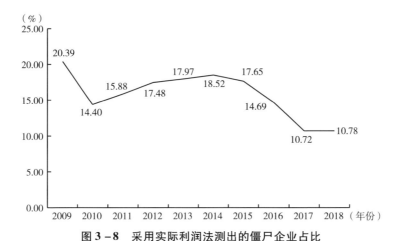

图 3 - 8　采用实际利润法测出的僵尸企业占比

同时在 2015 年 12 月，国务院常务会议中首次明确提出处置"僵尸企业"，地方政府纷纷制订僵尸企业处置计划，2016～2017 年僵尸企业占比的明显下降说明僵尸企业处置工作取得了初步成效。

（五）过度借贷法

过度借贷法的思想源自福田和中村（Fukuda & Nakamura，2011）的研究成果，在采用该方法判断一个企业是否为僵尸企业时有三个条件。第一个条件是企业资产负债率比较高，也就是企业的债务负担较重；第二个条件是企业无法正常盈利，也就是说企业处于亏损状态；第三个条件强调企业的行为，表现为企业的借款不断增加。过度借贷法的识别逻辑为：若某个企业目前正承担着较重的债务，且无法实现正常盈利，处于实际亏损状态，那么对于该企业来说，合理的选择应该是逐渐减少负债。但是，如果该企业在负债累累、无法盈利的情况下还在不断增加负债，就是典型的僵尸企业生存方式。

针对第一个条件，本书选择所有样本公司资产负债率是否超过50%作为判断标准；针对第二个条件，选择扣除政府补贴和信贷补贴后的净利润表示企业正常经营所获得的实际净利润来进行测度，识别结果如图3-9和图3-10所示。

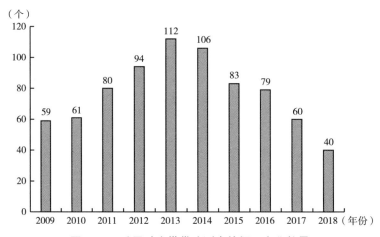

图3-9 采用过度借贷法测出的僵尸企业数量

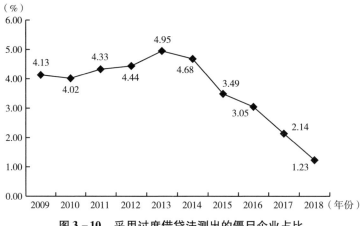

图3-10 采用过度借贷法测出的僵尸企业占比

如图所示，采用过度借贷法测出的僵尸企业数量在 2013 年达到峰值，数量和占比分别为 112 家和 4.95%；2018 年达到最低值为 40 家，占比 1.23%。总体呈现出先升后降的趋势。

（六）识别结果

至此，我们已经应用五种识别方法对 2009～2018 年中国上市公司中的僵尸企业数量和占比进行了测度，从结果来看，不同测度方法得出了不同的结果。同时结合我国宏观经济环境、制度背景对我国僵尸企业数量变化趋势（较上年）进行分析（见表 3－3），从中找到了与宏观经济背景趋势最接近的识别方法——实际利润法。

表 3－3　预测与识别的我国僵尸企业数量变化（较上年）趋势对比

年份	2009	2010	2011	2012	2013	2014	2015	2016	2017	2018
经济环境	触底反弹		经济下滑初期				下行趋势减缓，经济新常态			
制度背景		趋紧的货币政策		稳健的货币政策			2015 年底"三去一降一补"		化解产能过剩	
预测的僵尸企业数量变化趋势		降低	增加	增加	增加	增加	增加	降低	降低	降低
识别的僵尸企业占比变化趋势　CHK		降低	降低	增加	增加	降低	增加	增加	降低	增加
识别的僵尸企业占比变化趋势　FN-CHK		降低	增加	增加	增加	降低	增加	降低	降低	增加
识别的僵尸企业占比变化趋势　改进的 FN-CHK		降低	增加	增加	增加	降低	增加	降低	降低	增加
识别的僵尸企业占比变化趋势　实际利润法		降低	增加	增加	增加	增加	增加	降低	降低	增加
识别的僵尸企业占比变化趋势　过度借贷法		增加	增加	增加	增加	降低	降低	降低	降低	降低

从实际利润法的识别结果来看，2009～2010 年僵尸企业数量有所下降，可能是由于我国 GDP 在 2009 年第一季度触底之后快速反弹，并于 2010 年达到 12.2%，规模以上工业增加值同比增速也在 2009 年 2 月重新回到 10% 以上，说明企业盈利有所提升。而受货币政策的影响，2010～2011 年紧缩的货币政策和 2012 年之后稳健的货币政策使僵尸企业数量在 2010～2015 年呈逐步上升趋势。进入 2015 年之后，中国经济下行趋势明显减缓，进入

筑底阶段，多数宏观经济指标结束前期的快速下降态势并逐步趋稳。同时受"三去一降一补"政策的影响，僵尸企业的数量开始有所下降。因此本书在后续的研究中所用到的均为用实际利润法识别出的僵尸企业样本。

三、僵尸企业的分布特征

（一）僵尸企业的行业分布特征

本小节对采用实际利润法测度出来的僵尸企业行业分布情况进行分析，分析时间选为2015～2017年，原因在于2015年实际利润法下识别的僵尸企业数量达到了峰值（461家），而在"三去一降一补"政策实施后2017年僵尸企业数量为350家，有了明显下降，这两年的僵尸企业行业占比变化较有代表性。图3-11为2015年僵尸企业数量排名前15位的行业，可以看到有色金属冶炼及压延加工业等产能过剩行业均在列并且占比较高。值得说明的是，在非金属矿物制品业中，占据主要地位的子行业是水泥、玻璃和陶瓷制造业。

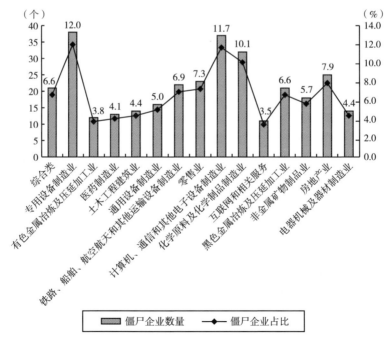

图3-11　2015年僵尸企业占比排名前15位的行业

到了 2017 年,实际利润法下测度出的僵尸企业行业分布特征基本上与 2015 年相似(见图 3-12),不过在具体排名上发生了一些变化。有色金属冶炼及压延加工业没有出现在 2017 年的前 15 位中,这与我国持续推进有色金属工业"去产能"工作密切相关[①]。而作为劳动密集型的纺织业在 2017 年新进入了排名前 15 位,也从另一个角度证明了政府保就业的动机是导致僵尸企业产生的重要原因。同时可以看到两年间计算机通信类中僵尸企业占比也较高,这可能与前面提到的产业扶持政策有关。

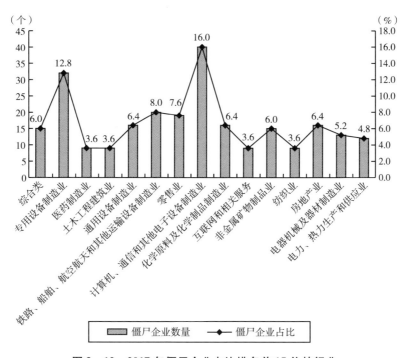

图 3-12 2017 年僵尸企业占比排名前 15 位的行业

(二)僵尸企业的地区分布特征

关于僵尸企业的地区分布,仍然采用实际利润法对 2015~2017 年的僵尸企业地区分布情况进行了统计(见表 3-4),可以看出东部发达地区僵尸企业数量较多,排名靠前,这也与东部地区上市公司数量较多有关。

---

① 2016 年 6 月,国务院办公厅发布《关于营造良好市场环境促进有色金属工业调结构促转型增效益的指导意见》。

值得注意的是中等发达地区如四川、湖南、辽宁的僵尸企业问题。这些地区上市公司基数没有发达地区多，但是僵尸企业的数量最高达 30 家，与东部发达地区接近，而从省内上市公司中僵尸企业占比来说，僵尸企业的比例甚至大于经济发达地区。这些地区往往自然资源丰富或者产业结构比较单一，价格受经济周期的影响更大，因而也就更容易出现僵尸企业。

表 3 - 4　　　　　　　　僵尸企业数量排名前 10 位地区

排名	2015 年		2016 年		2017 年	
	省份	僵尸企业数量（个）	省份	僵尸企业数量（个）	省份	僵尸企业数量（个）
1	广东	45	广东	44	广东	34
2	上海	34	上海	33	上海	28
3	江苏	31	四川	30	四川	28
4	四川	30	北京	28	北京	24
5	山东	27	江苏	28	江苏	24
6	浙江	27	山东	24	山东	22
7	北京	24	浙江	22	浙江	18
8	湖南	23	湖南	21	辽宁	16
9	辽宁	21	辽宁	18	安徽	15
10	福建	18	福建	16	湖南	15

第四节
本章小结

本章首先对僵尸企业所处的宏观环境进行了介绍，其次在采用多种方法对我国僵尸企业进行识别的基础上选定本书后续研究所需的僵尸企业样本，运用五种识别方法对 2009～2018 年中国上市公司中的僵尸数量和占比进行了测度，发现实际利润法下所识别的僵尸企业数量特征最为符合我国实际情况，同时也能反映企业的实际经营状况。因此，结合僵尸企业自身失去盈利能力却因为有政府和银行的持续信贷支持而继续存活的特征，本书将僵尸企业定义为扣除政府补贴和银行信贷后净利润连续 3 年小于零的企业。从五种识别方法的结果来看，虽然测度出的僵尸企业数量和占比不尽相同，但是可以从中发现几个典型事实。

（1）除人大国发院的方法外，其余方法的测度结果都表明，2010 年当年我国僵尸企业数量和占比均有所下降，部分方法测度出的僵尸企业数量和占比的降幅相当大。

（2）所有方法在 2010 年之后测出的僵尸企业数量都呈上升趋势，但不同的测度方法给出的僵尸企业规模达到最高点的时间却存在差异。例如，FN、改进的 FN 和过度借贷法测出的最高点在 2013 年，而实际利润法下测出的最高点则出现在 2015 年。

（3）2015 年之后所有方法测度出来的中国僵尸企业数量和占比都有不同程度减少。从所有方法的识别结果来看，实际利润法识别出来的僵尸企业数量最符合宏观经济背景趋势。从它的识别结果来看，2009～2010 年由于受 GDP 在 2009 年第一季度触底之后快速回升并于 2010 年达到 12.2% 的影响，企业盈利有所提升，僵尸企业数量有所下降。而受 2010～2011 年紧缩的货币政策和 2012 年之后稳健的货币政策影响，僵尸企业数量在 2010～2015 年呈逐步上升趋势。直到进入 2015 年之后，中国经济下行趋势明显减缓，进入筑底阶段，多数宏观经济指标已经结束前期的快速下降态势并逐步趋稳。同时受"三去一降一补"政策的影响，僵尸企业的数量开始有所下降。因此本书在后续的研究中所用到的均为实际利润法识别法下的僵尸企业样本。

| 第四章 |

僵尸企业的风险溢出机理

第一节
风险溢出的相关理论

一、风险溢出的相关概念

（一）风险

　　由于对风险的理解和认识程度不同，学者们从不同的侧重点和角度对风险进行了定义，但万变不离其宗，都离不开不确定性这个风险的本质。总的来看，大致可以将有关风险的定义归纳为以下两种：一种是广义上的风险定义，强调结果的不确定性（Williams，1985），也就是说风险的结果既可能是损失也可能是获利。对于风险的计量则可以利用收益的分布函数，并通过方差来进行判断（March & Shapira，1987）。另一种则是狭义上的风险定义，强调损失大小的不确定性。也就是说风险只表现为损失的结果，而没有从中获益的可能。

（二）企业风险溢出

国内外学者对溢出效应的定义与风险类似，没有统一的界定。溢出（spillover）的概念最早由马歇尔提出[①]，他在溢出与外部性之间画了一个等号，认为两者的内涵相同。庇古师从马歇尔，他在研究福利经济学时提出的有关溢出的定义与马歇尔一脉相承，将外部经济认定为溢出的积极效应，相应的外部不经济就是指消极的溢出效应[②]。可以看出，广义上的溢出结果也同时涵盖了正负外部性，但是当这两个概念合并组成风险溢出时，则一般被认定为狭义上损失的负外部性。在国内外的研究文献中经常出现并与风险溢出类似的概念还有风险传染（risk contagion/infection）、风险传播（risk spread）、风险扩散（risk diffusion）、风险传导（risk conduction）等。

从狭义上理解的企业风险溢出，是风险在企业经营活动各内部环节之间的传导。由于不确定性始终伴随着企业的生产经营活动，这里既包括外界经营环境的不确定性，也包含企业自身内部系统中的不确定因素，因此企业的一系列生产经营功能环节都无法规避掉其影响和干扰而产生风险，并且无论哪个环节发生了风险都可能导致生产经营偏离预期目标，甚至依附于一定的载体传递至其他的功能节点并使企业承受更大的损失。简而言之，企业风险溢出就是由于不确定性导致的企业生产经营活动中某个环节偏离预期目标所产生的风险在其他相关环节之间的传导，其后果是引发企业大面积的功能瘫痪，最终对整个社会造成巨大损失。企业作为经济系统的一部分，身处一个相互关联的环境，因而从广义上理解的企业风险溢出，除了包含在企业内部所进行的风险传导外，还包括在企业外部、与企业有各种联系的相关者之间的传导，如供应商、互保企业、银行等，甚至可能影响整个宏观经济的运行。

---

① 英国经济学家阿尔弗雷德·马歇尔编著的《经济学原理》，首次出版于 1890 年。
② 英国经济学家阿瑟·赛西尔·庇古创作的经济学著作《福利经济学》，首次出版于 1920 年。

（三）僵尸企业风险溢出

由于僵尸企业经营效率低下、资不抵债（Ahearne & Shinada，2005），对政府、银行贷款的极度依赖和居高不下的负债中已经蕴含着极大的风险，并且拥有众多的利益相关者，因此本书将僵尸企业的风险定义为狭义上的损失不确定性，僵尸企业风险溢出则主要指广义上的对利益相关者的风险传导，本书主要研究僵尸企业与银行之间的风险溢出。

二、金融不稳定性理论

海曼·明斯基（Hyman Minsky）提出的金融不稳定性假说[①]为金融不稳定理论奠定了基础。明斯基作为金融危机领域的权威人士，自身是一个激进的凯恩斯主义者，故而他所提出的理论的直接渊源就是建立在凯恩斯理论分析框架的基础之上的，同时还引入了费雪的"债务—通缩理论"，把不确定性、风险和经济影响结合在一起进行讨论。

明斯基（1982）把金融不稳定理论定义为债务对经济行为的一种影响，并把借款人分为三种：第一种是抵补型借款人，也是相对来说最为谨慎、对于金融机构来说最为安全的一类借款人，这种借款人的融资决策是根据其对未来的现金流量的预测而做出的，故而吸收外部冲击的能力很强。第二种是投机型借款人，这类借款人虽然短期现金偿债能力差，但从长期来看是可以还本付息的。第三种是庞氏型借款人，这类借款人需要滚动融资才能维持下去，也就是以所借的新债来偿还旧债，因此成为风险最大的一类借款人。该类借款人以庞氏骗局始作俑者查尔斯·庞兹的姓氏命名，庞兹发现只要新借的款项能够大于旧债所支付的利息，就可以通过"借新还旧"的连锁信用维持生存。从宏观层面来看，如果第二种、第三种借款人占主导地位，经济将趋于不稳定、脆弱的状态，因此金融不稳定其实是一种经济的现实。

---

① 金融不稳定假说（financial instability hypothesis）的形成始于 1963 年明斯基在任布朗大学经济学教授时发表的一篇著名论文（Can "It" Happen Again? Essays on instability and finance）（"It"指大危机）。

僵尸企业从本质上来说也是第三种"借新还旧"的借款人，甚至它的这种行为是在政府和银行的支持下进行的，但即使有政府和银行为其"兜底"，也埋下了风险爆发的隐患。正如黄金老（2001）所说，"金融脆弱性"可能来自融资领域中的所有风险积聚。一旦蕴含的风险超过可承受的范围，对金融系统造成的损失不可估量。

三、违约相依理论

违约相依是指由于企业间相关性所导致的，在一个企业发生债务违约的情况下改变其他企业债务违约可能性大小的现象（王小丁，2010）。产生这种现象的原因包括周期性的因素和传染性的因素。债务违约相依的周期性影响因素指的是外部宏观因素的变动，这种不确定性可能导致的结果就是共同违约；而债务违约相依的传染性影响因素是指企业间的资产关联。值得注意的是企业之间的关联方式有多种，而资产关联方式包括母子公司、交叉持股、互保联保等，各种关联关系像一张网络一样将企业包含在里面，因此一个债务违约事件可能引发连锁反应，产生一系列违约事件。

企业的违约会产生信用风险，要预防其蔓延首先需要对违约的可能性进行测算。违约概率与企业的盈利能力、现金持有等密切相关，因此一种常用的信用风险的计算方式就是利用企业的历史经验数据，即财务指标对财务健康程度进行判断，称之为经验模型。具体的方法包括：专家主观打分的 AI 系统、阿尔特曼（Altman，1968）提出的 Z – 值模型和在该模型上进一步改进的 ZETA 模型、菲舍尔（Fischer，1976）的多元判别模型以及随着信息技术的发展而拥有更强自学习和预测能力的神经网络模型等。另外一种计算方式是在一系列的假设基础上通过公式推导得出企业的违约概率，如建立在期权定价理论基础上的 Merton 模型（1974），以及在其基础上发展出来的 KMV 模型等。

此外，在企业发生相依违约的过程中，违约风险可能由于相互作用而导致风险性质、强度发生改变，即产生耦合效应。根据最终的相依风险强度可以将这种现象分为强耦合和弱耦合，可以用相关系数 ρ 来表示两个企业的相关程度，ρ 的大小也可以代表这个过程中风险溢出的速度和强度。若 $\rho > 0$，表明在风险传导过程中产生了 $1 + 1 > 2$ 的效应，也就是说强耦合的传导过程中存在逐级放大的效果。这种非稳态的违约传染甚至可能产生新的风险，就像韩立岩和陈文丽（2006）将违约看成是一种传染性的"病毒"一样，当达到某个阈值时"病毒"还有可能发生突变。若 $\rho < 0$ 则为弱耦合效应，表明在风险传导过程中产生的是 $1 + 1 < 2$ 的效应，耦合后的整体风险小于耦合前。因此，在相依的违约风险传导发生前，如果能够及早意识到一个企业的违约风险可能发生传导，从而对症下药及时切断风险溢出的路径，就可以使风险强度不断被削弱，完成由强到弱的耦合效应转变，甚至完全阻断风险传播。尤其是对于资不抵债的僵尸企业来说，更要注意防范由其大量债务引发相依违约风险，以防风险最终被转移到银行系统。

四、系统风险理论

在经济体系中风险无处不在，并且由于经济体系各组成部分间千丝万缕的关联，风险极易产生流动，具有传导性的特点。如果从系统论的角度出发，可以将企业的风险溢出看成是一个包含从风险迸发主体到传递至相关体之间的相互作用过程的系统[①]。因此，要想充分了解这个系统的特点，需要将其分解成单独的组成元素，只有这样才能进一步知道每一个部分是如何相互影响的。充分了解企业风险溢出系统的组成要件和结构，是掌握该系统运行机理的前提（夏喆，2007）。

如果将企业风险溢出过程的每个环节拆分来看的话，风险溢出系统首先应该包含携带风险因子的源头主体，即风险源。在僵尸企业的风险溢出过程中，它本身蕴含的巨大风险，使其成为风险溢出的源头。其次是风险所依附的载体。它是风险溢出的"桥梁"，在整个过程中起着媒介的作用，能够承载企业风险的各种物质都可以被称为风险载体。再次是风险溢出所经过的路径。最后是风险溢出的对象主体，在本书的研究中指银

[①] 一般系统论创始人贝塔朗菲（Bertalanffy）把涵盖了多种元素并且会发生相互作用的复合体称为系统。

行。在这个系统里还有一个内嵌的条件，就是风险阈值。它是风险发生突变甚至全面爆发的"导火索"，风险并非只要发生了扩散就会导致严重后果，其所造成的结果还会受到溢出对象自我承载水平的影响，只有当风险的积累量超过溢出对象的承受能力范围（即风险阈值）时风险才会全面爆发（见图4－1）。

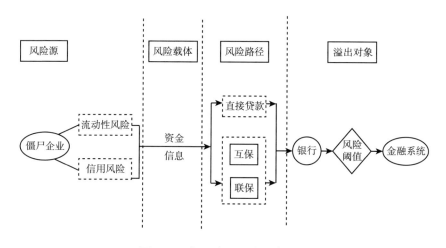

图4－1　僵尸企业风险溢出机理

本书借鉴胡翠萍（2012）的观点将僵尸企业的风险溢出系统分解为风险源、风险载体、风险路径和溢出对象四个组成部分。在企业生产经营活动受到内外部影响而偏离原定的目标时产生了不确定性，此时形成的是一种静态风险并在企业内部不断积累成风险源，当累积的量超过企业的控制范围时，便转化成动态风险流，开始向外部溢出。僵尸企业的风险对银行的溢出载体主要是资金和信息，并主要通过以资金连接而形成的网络传导。同时，在溢出过程中往往伴随着耦合效应，风险以几何增长的方式累积，最终可能造成系统性危机，损失难以估量。为了更形象地揭示僵尸企业风险溢出各要素的逻辑关系，接下来本书对僵尸企业的风险溢出源、风险溢出载体、风险溢出路径之间的逻辑关系进行进一步描述。

第二节
僵尸企业的风险溢出源

风险溢出源是导致风险发生溢出的源头主体。僵尸企业蕴含的风险是巨大的,如在效率低下的经营活动中所包含的经营风险、管理者出于保护自身利益的目的而发生的道德风险以及无节制的投资风险等。其中僵尸企业庞大的负债规模最可能使银行受到其风险溢出的影响,因为其主要资金来源就是银行。尤其是僵尸企业的这种大量举债行为已经脱离自身实际情况,产生的流动性风险和信用风险将直接对银行产生影响,存在较大的风险爆发隐患。因此本部分主要对僵尸企业的流动性风险和信用风险进行分析。

一、僵尸企业的流动性风险

企业层面的流动性主要包括两个方面的含义。一是企业资产转化成现金的能力。按照范霍恩(1987)的定义,流动性越强的资产所需要的变现时间越短,变现时的资产价格波动越小;萨托里斯和希尔(1994)则是用资产是否能够在短时间内以最低的交易成本和最少的损失转化为现金,来判断资产的流动性。二是企业偿还债务的能力。两个能力中任何一项出现问题,都表明企业的流动性受到了威胁。相应地,流动性风险是指上述两层含义无法满足时引发损失的可能性。更具体地说,当流动性的第一层含义无法实现时,产生变现力风险,是引发企业现金不足的根源;当第二层含义无法实现时,企业的偿债能力发生问题,产生不能清偿风险,问题较为严重时企业可能直接破产。但僵尸企业的特殊性就在于它的"僵而不死",能靠政府和银行实现"借新债还旧债",于是累积更多的流动性风险。进一步地,还可以将它分为内生和外生流动性风险。

（一）内生流动性风险

内生流动性风险主要是指由企业资本结构或者是企业经营能力差等内部因素导致的现金流生产能力不足的风险。根据企业财务数据可以计算出两类反映企业流动性的指标：相对指标（如流动比率）和绝对指标（如流动资产总额）。无论哪一类都是越大的指标值代表越强的流动性。为了更具体地了解僵尸企业的内部影响因素，根据第三章识别出来的僵尸企业，本节对相关指标进行描述性统计，结果如表4-2所示。表4-1为主要的变量定义，同时为了更直观地比较僵尸企业的经营状况，对相关变量做了T检验，检验结果如表4-3所示。

表4-1　　　　　　　　　　　　变量定义

变量名称	变量符号	变量定义
僵尸企业	Zombie	虚拟变量，僵尸企业取1，否则为0
企业规模	Size	企业年末总资产自然对数
杠杆水平	Lev	资产负债率，总负债/总资产
企业年龄	Age	公司成立年限的自然对数
自由现金流	FCFF	企业自由现金流*的自然对数
产权性质	Soe	哑变量，国有企业定义为1，其他为0
盈利能力	ROA	资产收益率，净利润/平均资产总额
短期债务	STD	短期负债/总负债
长期债务	LTD	长期负债/总负债
流动比率	Liquidity	流动资产/流动负债
速动比率	Quick	速动资产/速动负债
营业利润率	OPR	营业利润/营业收入净额
大股东持股比例	Top1	第一大股东持股比例

注：*采用公式"（经营活动产生的现金流量净额＋处置固定资产、无形资产和其他长期资产收回的现金净额－构建固定资产、无形资产和其他长期资产支付的现金－分配股利、利润或偿付利息支付的现金）/总资产"计算。

从表4-2可以看到，僵尸企业的平均值为0.153，也就是说在所有样本中僵尸企业所占比例为 15.3%。总样本中国有企业占比 41.8%，但是国有企业在僵尸企业和非僵尸企业样本中的占比存在明显差距，僵尸企业样本中国有企业占比为 65.4%，非僵尸企业中国有企业占比为 37.5%。可以看到资产负债率均值为 0.426，最小值和最大值分别为 0.047 和 0.931，说明样本中企业的杠杆率差异较大，因此采用单变量分析方法对僵尸企业和非僵尸企业样本做了 T 检验。

表 4-2   主要变量描述性统计

变量	数量	均值	标准差	最小值	最大值
Zombie	24699	0.153	0.360	0	1
Size	24699	22.003	1.307	19.428	26.008
Lev	24699	0.426	0.215	0.047	0.943
Age	24699	9.176	7.043	0	28
Soe	24699	0.418	0.493	0	1
Top1	24699	0.355	0.151	0.088	0.758
STD	24699	0.202	0.196	0	0.744
LTD	24699	0.084	0.140	0	0.917
Liquidity	24699	2.616	2.954	0.262	19.226
Quick	24699	2.094	2.743	0.158	17.749
ROA	24699	0.047	0.060	-0.188	0.232
OPR	24699	0.970	0.895	-5.222	2.958
FCFF	24699	-0.002	0.116	-0.502	0.263

从表 4-3 所示 T 检验结果可以发现，僵尸企业的自由现金流明显少于非僵尸企业，流动比率与速动比率在僵尸企业和非僵尸企业中差异也较大，僵尸企业明显小于非僵尸企业，可知僵尸企业流动性风险显著大于非僵尸企业。对于僵尸企业来说，造成流动性风险的内部因素主要有以下几个方面：第一，经营亏损。这也是最根本的原因。由于企业的生产经营状况不佳，无法利用销售收入获取足够的经营现金流，从而无力偿还到期债务的本金和利息。从表 4-2 中可以看到代表僵尸企业盈利能力的资产收益率为负，说明僵尸企业的盈利能力低下，同样为负的还有营业利润率。

第二，融资结构不合理。从表 4 - 3 可以看出与非僵尸企业相比，僵尸企业的资产负债率比非僵尸企业显著多出 0.302，并且长期负债和短期负债均显著高于非僵尸企业，说明僵尸企业的内部留存有限。长期负债多表明僵尸企业对外部资金的依赖程度很大，短期负债多则表明僵尸企业的短期偿付压力大，容易发生由于现金流量短缺导致的偿付困难。由于银行是僵尸企业的主要资金提供者，因此僵尸企业庞大的负债规模引发的流动性风险极易溢出到银行，当这个风险不断累积超过银行自身的承受范围时，便会导致银行业产生流动性风险，甚至引发系统性金融危机。

表 4 - 3　　　　　　　　　　　单变量 T 检验结果

变量	僵尸	非僵尸	差异	T 检验
Size	22.106	21.985	0.121 *	5.25
Lev	0.696	0.394	0.302 *	30.01
Age	13.667	8.366	5.301 *	44.20
Soe	0.654	0.375	0.279 *	32.68
*Top*1	0.330	0.359	− 0.029 *	− 10.85
STD	0.241	0.196	0.045 *	12.96
LTD	0.131	0.076	0.055 *	22.73
Liquidity	1.606	2.976	− 1.370 *	− 16.94
Quick	1.099	2.438	− 1.339 *	− 17.95
ROA	− 0.0144	0.0585	− 0.729 *	− 76.18
OPR	− 2.3195	1.0553	− 3.3748 *	− 3.64
FCFF	− 0.2948	0.0106	− 0.3054 *	− 5.71

注：＊代表在 1% 水平下显著。

（二）外生流动性风险

外生流动性风险主要是指由企业外部影响因素所导致的变现能力、产生现金能力不足的风险。从总体上看僵尸企业的流动性风险将受到市场环境里所有不确定性因素的影响，如是否发生通货膨胀、国际环境是否稳定以及类似于金融危机这种不可抗力事件。此外，企业不可避免地直接或间接受到宏观的财政货币政策、中观的行业政策的影响，并且国家货币政策的宽紧程度对企业产生的影响大相径庭，如国家实行宽松的货币政策可以为企业营造有利的环境，便于其销售和现金流量的增长；通货膨胀会导致企业的资产贬值，在企业拥有等量货币的情况下所能购买到的生产资料减少，购买力的下降导致生产成本随之增加，企业产品的销量和服务的销售水平也会随着物价和服务价格的上涨而下降，企业收入也就自然而然下降了，于是企业利润减少，偿债能力减弱。最终，这些都会演化成为影响企业流动性的因素。

而金融危机与僵尸企业的联系更加密切。首先，金融危机爆发后，股票市场发生剧烈波动，同时由于股价的大范围下降，导致个人和企业财富大幅缩水，消费受到收入不确定性的影响而降低，社会商品总需求量也随之下降。企业作为产品和服务的供应者，将面临更大的销售难题，销售减少导致收入大幅下降。可以看出，在这个过程中不仅企业的变现能力减弱，现金流减少，还会由于盈利能力的减弱而导致企业偿债能力减弱，企业流动性受到威胁。从国际来看，在受到金融危机影响的情况下，国家政府为了保护国内企业将限制进口，对于出口国家的企业来说商品出口受到了阻碍，不利于企业的发展。金融危机一旦爆发，它的影响必是复杂而广泛的，对企业的经营和发展都将产生巨大影响，对企业的流动性风险的影响也是巨大的，2008 年金融危机爆发后我国出现的一批僵尸企业便是很好的例证。

二、僵尸企业的信用风险

信用风险是经济金融活动中各类主体面对的一种重要风险形式，也可以称为违约风险，因此信用风险存在于所有包含信用（即存在违约可能性）的经济活动中。广义的信用风险是指交易对手未能履行约定合同中的义务并对经济造成损失的可能性。这一定义涵盖了许多种发生信用风险的可能性，例如，最常见的银行借款人发生违约，无法按时偿还本息，给银行损失带来的不确定性，这也是我们通常提到信用风险时所指代的内容；此外，还可能是债券发行者违约，给投资者带来因无法按时收到利息而遭受损失的可能性。总而言之，信用风险是指在金融交易活动中广泛存在的，因一方不遵从约定而给对方带来损失的可能性。

本书所指的信用风险是指由于僵尸企业履约能力不足、发生违约从而给银行带来损失的可能性。从信用风险的定义可以看出，僵尸企业信用风险的行为主体就是僵尸企业，即对外开展融资活动的借款人；风险承担方是银行，即被动承受借款人违约所带来的经济损失的主体。当企业可以按时偿还本金，却无法支付足额的利息，那么银行的损失就只有未能收到的利息部分；如果企业既无法偿还本金也没有能力支付利息，那么银行的经济损失除了利息外，还包括当时借出去的本金。然而对于僵尸企业来说情况更为严重，因为除了无法偿还本金和利息，银行甚至会出于掩盖坏账的动机而源源不断地为其提供资金支持，因此其信用风险更大。

信用风险通常并不是由单一的某件事情所造成，而是在多种情形的叠加作用下发生的，再加上信用事件本身就是一种复杂事件的集合，因此在现实生活中很难对信用风险进行度量。传统的测度企业信用风险的方式是对其历史财务数据进行分析，从中提炼出一些信息作为判断的依据，但是这种方式的主观干扰因素太多，准确性十分有限。现代信用风险的度量方法随着理论和工具的不断发展得到了完善，如在默顿的期权定价理论上发展形成的 KMV 模型、Credit Metrics 模型等。类似的还有基于应用保险精算理论的 Credit Risk + 违约模型（管敏，2007）。本书在对僵尸企业风险溢出进行动态仿真时就采用了 KMV 模型来衡量僵尸企业的违约概率。

第三节
僵尸企业风险的溢出载体

风险流在传导过程中需要依附一定的介质，这些介质既可以是有形的，如资金、人员等，也可以是无形的，如信息等，通常我们把这些介质称为风险溢出的载体。对于僵尸企业来说，主要的风险载体就是资金和信息。

一、资金载体

资金犹如企业的"血液"，这句话既表明了资金的重要性，同时也形象地说明了资金贯穿于整个企业的经济活动中。企业从创办之初到不断扩张，无论哪个环节都离不开资金，或者说货币资本。马克思在《资本论》中对资本的内在本质、外在形式、运行规律等进行了全面而富有深度的论述，虽然其论著中更多的是浓墨重彩地对资本的阶级性进行描述，但也间接证明了资本在整个社会经济生活中的重要地位。资本不但包含社会属性，在现代社会还构成了企业生产力，更多地突出了它的使用价值这个自然属性。此后，麦克鲁得和萨缪尔森等经济学家在马克思思想的基础上进一步探讨了资本的实质，他们所共同得出的一个结论就是资本可以产生剩余价值，也就是资本增值的部分，但是必须要通过自身运动实现。

马克思指出资本运动是不断从一个阶段转入下一个阶段的循环往复过程，并且不能中断，否则资本周转无法正常持续进行下去。在这个循环过程中资本以三种职能形态交替存在：货币、生产和商品资本形式。也就是说，在资本以商品形式存在的阶段，其价格必须能够得到实现，将商品转换成货币形式并且实现资本增值，再开始下一轮的循环往复，否则生产者无法补充生产资料，整个循环链条将中断。如果在这个过程中还影响到市场上其他主体的资本循环过程，那么可能导致全社会的再生产受到阻碍。僵尸企业就是这样一种自身资本循环难以维系的企业，已然丧失了"造血"功能，甚至还可能因为资金的连接而导致其他主体中断资本循环。它在负债累累、亏损严重的情况下继续借款，目的是"拆东墙补西墙"，借新还旧。对于它自身来说，正常的企业资本循环已经无法完成，靠政府与银行源源不断注入货币资本勉强维系中断的资本循环链条。然而，即便依靠外力填补了循环中的空缺，也不能产生价值增值，失去了资本循环的意义。

资金链就像生命链一样将所有企业以并联和串联方式连接在一起（王海林，2019），形成了一个庞大的资金循环网络。资金链是维系企业正常生产经营运转所需要的基本循环资金链条，体现的是一种债权债务关系或经营活动中的资金流转关系。这种关系发生于社会经济体系中，存在于各个微观经济主体之间，因此资金网络中包含着丰富的主体间关系信息，既有信用关系，也有流通运转关系。此外，还可以从资金获得、使用和回流三个方面将资金链细分成三条串联的链条。从僵尸企业获得资金的链条来看，随着信用担保网络作为社会网络"嵌入"金融合约，互保、联保等信用担保机制使企业之间的担保关系逐渐向担保网络结构演化，由此形成了僵尸企业的担保网络。由于僵尸企业使用资金效率低下，不仅无法使资金回流实现良好运转，一旦被担保的僵尸企业违约会导致担保企业履行偿付责任，进而降低担保企业的资产和财务状况，当这一负担超过其承载能力时，将使得担保企业产生违约行为，最终可能造成担保网络的连锁式违约。可以看出，在整个以资金为纽带所结成的网络中，僵尸企业隐含的风险沿着网络不断传递给其他企业，当积累到一定程度时将引发风险的全面爆发。

二、信息载体

信息是影响价格波动的重要因素，由于金融体系资产业务的密切联系以及价格波动的高度关联，因此信息也是风险溢出的主要载体。例如，当金融市场中出现突发的金融风险事件时，公众信心的下降可能导致恐慌情绪在股市中蔓延，进而出现大量非理性抛售股票行为，致使金融业务受损、价格剧烈波动（王朝阳和王文汇，2018）。对于银行来说，还可能面临储户大面积取款的挤兑风险。探究上述现象产生的原因，可以发现其根本在于信息不对称，其所带来的负面影响还包括我们熟知的逆向选择和道德风险。这些都说明信息在风险溢出中承担了载体的作用，迪博尔德和伊尔马兹（Diebold & Yilmaz，2008）在研究资产收益和价格波动溢出时，以 VAR 模型的结果为基础构造了信息溢出指数来度量信息在其中的作用大小。许江波和卿小泉（2018）的研究指出僵尸企业在僵尸化过程中所发布的蕴含困境信息的公告对供应商股价具有显著的负向影响。然而信息作为风险载体，它的作用机制包括公众心理等多种渠道，并最终反映在价格波动中，因此在本书对僵尸企业的风险溢出研究中，利用股价数据计算的收益率序列来构建 CoVaR 模型，以此涵盖信息传导机制，没有再单独衡量信息在其中所起到的作用大小。

僵尸企业的风险除了通过信息载体对银行资产价格的不确定性产生影响，还会由于僵尸企业与银行之间的信息不对称导致银行对僵尸企业的实际盈利能力和经营状况不甚了解。布罗兹等（Broz et al.，2017）发现僵尸企业在增加融资后生产效率并没有得到提高，说明银行继续为其放贷并不能改善僵尸企业的处境，银行作为其债权人的监督治理机制无法顺利实现，反而会加大两者之间的信息不对称，从而积累更多的风险。此外，由于僵尸企业在经营状况不佳、无法按时偿还银行贷款的情况下仍旧能够得到银行的支持，会向市场上其他借款企业释放一种"即使违约也不会被惩罚"的错误信号，可能导致发生更多的违约事件。

第四节
僵尸企业风险的溢出路径

僵尸企业通过向商业银行贷款融资把自身风险传递给商业银行和资本市场。伯南克等（Bernanke et al.，1999）指出，由于信贷市场信息不对称，企业如果需要向银行进行融资就要提供抵押的资产，在经济下行阶段企业的抵押资产价值随之下降，因此可以从银行获得的融资也会随之减少，反过来又会进一步导致企业价值下降。这种持续的正反馈机制将不断放大风险。约塔基和摩尔（Kiyotaki & Moore，1997）也得出了类似的结论，他们发现企业在面临融资约束的情况下会降低企业净值，反过来企业净值又会影响融资能力，这种相互作用使得经济发生周期性波动。类似地，僵尸企业的违约风险与银行风险间也存在着这样一种正反馈机制，不同之处在于主体位置的变化，即银行受到僵尸企业的影响导致风险增大，银行的持续放贷行为将加剧僵尸企业的违约风险，反过来又会进一步加大银行风险。与此同时，僵尸企业在向银行申请信贷时形成的互保联保关系将僵尸企业与其他企业连接在一起，形成了以担保关系为链条的担保网络。信贷担保网络还可能使僵尸企业的风险沿着担保链扩散式地传播至网络中很多原本与僵尸企业并不关联的其他企业，也就是说扩大了风险的传染范围，甚至溢出至整个担保网络，而企业必然都与银行有所联系，因此风险最终被转移至银行。基于上述分析，本书将僵尸企业的风险溢出路径分为直接溢出和间接溢出两个方面。

一、直接溢出路径

直接溢出路径就是企业直接将风险传导至银行的途径。如果企业资金周转不灵，无法按时归还贷款，说明企业发生了严重的流动性风险，同时还存在信贷违约风险，这些风险都将直接通过与银行的信贷关系而溢出至银行。对于僵尸企业来说这种传导路径更加明显，并且由于地方政府和银行的干预使得企业僵而不死，不仅导致银行贷款无法偿还，甚至银行还不断注入资金维持其生存，可以说为僵尸企业提供贷款的银行受到的风险溢出影响更大。同时由于银行同业拆借关系的存在，还会导致风险在银行与银行之间进一步传导，最终放大企业传递给银行的金融风险影响面。如果累积传导的风险超过了银行业的承受范围，风险的全面爆发则很有可能转化为金融危机。如图 4 - 2 所示，在不考虑企业间互动的情况下，僵尸企业的风险通过资金这一载体在银企信贷网络中传递，将风险溢出至银行，最终可能对宏观金融体系产生影响。

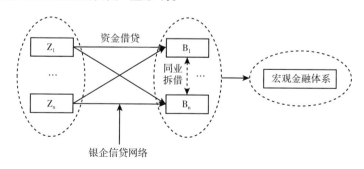

图 4 - 2　僵尸企业风险直接溢出路径

注：图中 Z 代表僵尸企业，B 代表银行。

二、间接溢出路径

间接溢出路径是企业风险爆发时，除了由于信贷关系将风险直接溢出至银行，还会通过其他关系将风险溢出至其他利益相关体，再通过其他利益相关体进一步间接溢出至银行。例如，某个企业发生财务危机后，一方面因为无法按时偿还贷款将直接影响银行的信贷风险；另一方面为该企业提供担保的企业也可能因为承担连带责任对自身的财务状况产生影响，从而产生违约风险，银行进一步蒙受损失。如此，企业之间的担保关系可能在整个担保网络范围内引发大规模的信用危机，发生连锁违约，风险会以几何形式增长并传递给银行，对整个银行业来说，将严重考验其抗风险能力。一旦超过银行系统的承受能力范围，将威胁整个社会的经济安全，爆发系统性危机。正如明斯基（Minsky，1982）在他的假说中所提到的，任何打断信贷资金流入生产部门的事件都将引起违约和破产的潮流。僵尸企业风险就像传染病一样迅速被传递到与之关联的各个主体，甚至通过中间宿主发生二次传染，银行在这个过程中不断受到僵尸企业直接的和间接的风险溢出并不断累积，直到整个银行体系发生崩溃，风险于是演变成了危机。如图4-3所示，除原有僵尸企业风险直接向银行溢出外（实心箭头），僵尸企业与担保网络内企业的传染效应（方向箭头）会使风险通过担保企业溢出至银行，这会放大风险的溢出效应，最终对宏观金融体系造成影响。

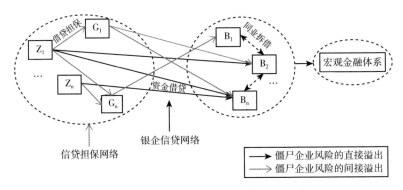

图4-3 僵尸企业风险溢出直接和间接路径

注：图中 Z 代表僵尸企业，G 代表担保企业，B 代表银行。

三、僵尸企业风险溢出总路径

以上对僵尸企业风险溢出两条路径进行了分析，可以看出僵尸企业的风险溢出总路径为一个复杂的网络。若用 ρ 来表示两条路径上的僵尸企业风险溢出大小，并假设直接路径上的风险溢出效应为 ρ_1；间接路径上的僵尸企业风险通过影响担保企业的流动性、盈利能力等，对担保企业还款能力和资金获取能力造成影响，导致其违约的信用风险增大，对银行流动性风险进一步产生影响。此外，担保网络中的关系是一种非线性的建立过程，这一过程体现了网络由点到面演进的过程和趋势，网络实际上是一种非线性的结构，因此风险在传递过程中也可能发生非线性的几何式增长，甚至导致网络的崩溃。假设该路径上的风险溢出效应为 ρ_2，那么银行受到僵尸企业风险溢出的总效应为 $\rho_1 + \rho_2$，并可以通过动态仿真求出该结果。风险溢出路径机理图如图 4 – 4 所示。

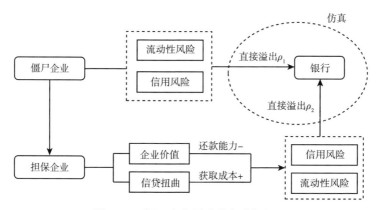

图 4 – 4　僵尸企业风险溢出路径机理

第五节

本章小结

本章对僵尸企业风险溢出的机理进行了分析。首先，对相关概念和理论进行了介绍，僵尸企业对银行的风险溢出是指由于受不确定性因素的影响，导致僵尸企业这个风险源头携带着其拥有的风险，并将风险依附于载体，沿着某种路径传导至银行。在风险的传导过程中，由于僵尸企业除了与银行直接发生联系，还与各利益相关者之间存在关联，因此风险还会通过不同利益者间接传导至银行。这些不同性质的风险在传导过程中相互匹配并发生变化，导致风险的强度不断被放大，最终可能使银行受到更大的风险溢出影响，产生 $1+1>2$ 的强耦合效应。

其次，主要从系统风险理论的角度，将风险溢出作为一个系统，对其进行分解以区分组成元素，从而进一步了解该系统的运行机理，并对僵尸企业风险溢出的风险源、风险载体和风险路径做了详细分析。

僵尸企业作为引发风险溢出事故的源头，其所蕴含的风险是巨大的，尤其是它在脱离自身实际情况下仍大量借款，庞大的负债规模给企业本身和整个社会经济都埋下了巨大的隐患，因此本章主要对其流动性风险和信用风险进行了分析。流动性风险主要表现为僵尸企业变现能力差、偿债能力低下，银行作为僵尸企业的主要资金提供者，本身就已经承受了僵尸企业大部分的流动性风险，因为即使在不能还款的情况下银行还是会继续为其提供贷款。在这种情况下，僵尸企业的任何违约行为都会给银行带来更大的信用风险影响，例如，为僵尸企业提供担保的企业随之发生连锁违约，将导致银行遭受更大的损失，银行乃至整个银行系统都有可能陷入危机。可以看出资金在这个风险溢出过程中是主要的风险载体，通过资金这一载体，僵尸企业的风险一方面通过信贷关系路径直接溢出到银行，另一方面通过形成的担保网络溢出到相关企业，再进一步溢出到银行。

| 第五章 |

僵尸企业的银企信贷网络

第一节

社会网络理论基础

一、社会网络的概念

网络是由节点与节点之间的某种关系构成的集合。现实生活中存在多种多样的网络形式，如最常见的计算机网络。巴恩斯（Barnes，1954）基于社会学视角分析挪威境内小渔村的聚集现象时用社会网络描述渔村内人们之间跨亲缘的正式或非正式关系，并将社会网络看作是个体行为的重要影响因素之一。随后，"社会网络"成为解释人与人各种关系网络的重要概念，并被引入管理学领域。米歇尔（Mitchell，1969）指出，社会网络是个体之间的社会关系体系和结构，是个体社会属性中不可分割的重要部分。布迪尔（Bourdieu，1985）认为个体可以从社会网络中获取资源，因此如果从社会资本的角度来看，个体所建立的社会网络代表它获取资源的能力。韦尔曼（Wellman，1988）进一步指出，社会网络不应只局限于个体范畴，作为经营活动的主体，企业也拥有广泛的社会关系。纳比特和戈沙尔（Nahapiet & Ghoshal，1998）指出，社会网络是个体或组织能够获得技术、知识和信息的所有网络关系的总和。伯利（Birley，2001）认为关系是社会网络的核心内容，从一系列关系中，个体可以获得各种知识和资源。

因此，社会网络所包含的企业资源获取的内涵与企业成长性紧密相关，使得社会网络逐渐受到企业研究者的关注和重视（姚小涛和席酉民，2003）。资源以多种多样的内容和形式广泛存在于社会与经济活动中，例如，有形的企业资本，包括企业中的人才也是企业的一种资源；再如无形的信息，企业的信息优势也被视为一种资源。企业的成长离不开资源，企业与企业之间是通过资源相互依赖的，这种依赖关系构成了一个网络，也就是我们所说的社会关系网络。网络中资源的流动通过这些依赖关系而进行，因此社会网络也成为资源获取的渠道，甚至社会网络本身可以看作是一种资源。社会网络为分析和研究企业资源获取及成长性相关问题提供了重要思路。

本章在考虑网络节点个体属性的基础上，借鉴刘军（2014）的做法，更加强调和重视网络节点的主观能动性，将社会网络定义为包含社会能动者而不仅仅是行动者，以及它们之间关系的集合。采用社会网络分析方法，将僵尸企业和银行作为社会网络的节点，以它们之间的贷款关系构建网络数据，研究僵尸企业风险对银行的溢出。银企信贷网络作为一种重要的信用网络，由于银行间、企业间和银企间相互关联、相互影响，能够充分反映金融系统的运行特征。

二、社会网络的参数及其结构

通过社会网络所构建的是一种关系型数据，这种数据是以"关系"为单位的，而常规统计学处理的是统计数据，因此处理这种数据需要用到社会网络的分析方法。这种分析方法的主要贡献是基于关系的视角来研究社会节点之间的结构对其经济行为等的影响。可以用图（graph）来形象地描述一个具体的网络，这个图中应该包含所有的节点，以及将节点连接在一起的边。如果用 V 表示节点的集合，E 表示边的集合，那么图 G 可表示为 G＝(V，E)，其中 E 中每条边都有 V 中的一对节点与之对应。

网络的模（Mode）数指的是由节点构成的集合中所包含的类别，例如 1－模网络（One-Mode Network）就仅包含一种行动者，这类行动者内部之间相互发生关系，并且由这种关系和行动者本身构成了网络。在本书第七章的研究中，所构建的由与僵尸企业发生担保关系的企业所形成的网络就是 1－模网络，因为这里面仅包含企业这一类行动者。而 2－模网络（Two-Mode Network）则是由两类行动者以及它们之间所发生的关系而构成的集合。例如，我们研究作为一个集合的多个企业和作为另一个集合的金融机构之间的关系，以资金关系将金融机构和企业联系起来而构成的网络就是 2－模网络。1－模数据为一个正方形矩阵，而 2－模数据一般用长方形矩阵来表示。在本章中描述每个僵尸企业向哪些银行贷款采用的就是这种 2－模网络的结构，此外，2－模矩阵还可以转换成两个 1－模矩阵，也可以转换成一个 2 部 1－模矩阵。2 部矩阵就是在原本的 2－模矩阵中加入一些行和列，使其变成行和列数量相等的方阵。这种矩阵不同于上述的 1－模矩阵，因为 2 部矩阵同时表达了两个模之间的关系，而上述 1－模矩阵表达的只是一个模态（集合）之间的关系。

第二节
僵尸企业银企信贷网络的构建

一、银企信贷矩阵的构建

（一）2－模矩阵的构建

具体来说，本书所用到的上市公司与银行贷款数据来自 RESET 锐思数据库和 CSMAR 国泰安数据库，经过手工筛选、整理以及编码得到僵尸企业向银行贷款的矩阵数据，并通过 UCINET 6.0 软件构建僵尸企业向银行贷款的矩阵。首先构建各僵尸企业为矩阵行变量、所有与僵尸企业发生过信贷关系的银行构成矩阵列变量的 2 - 模矩阵，采用人工编码的方式对资料进行转换和处理，若僵尸企业与银行存在贷款关系则赋值为 1，否则为 0。本章采用实际利润法识别的僵尸企业每年数量不等，故而与之发生信贷关系的银行数量随之变化，剔除银行贷款不可得的数据，在 2009 ~ 2018 年十年中分别得到 108 × 47、88 × 48、112 × 52、127 × 68、145 × 122、152 × 119、159 × 123、150 × 122、139 × 124、144 × 126 共十个 2 - 模矩阵。由于篇幅限制，表 5 - 1 以 2018 年僵尸企业向银行贷款为例，列示了部分贷款矩阵，附录 A 列示了部分 2010 年贷款矩阵。

表 5 - 1　　　　　　　部分僵尸企业向银行贷款矩阵（2018 年）

股票代码	MSYH	PAYH	ZSYH	ZGYH	JTYH	ZXYH	XYYH	PFYH	NYYH	JSYH	GSYH	GDYH	NJYH
xxxxx 5	0	0	0	0	0	1	1	0	0	0	0	0	0
xxxx 14	0	0	0	0	0	0	0	0	0	0	1	0	0
xxxx 16	0	0	0	1	0	0	0	0	1	0	1	0	0
xxxx 21	0	0	1	1	1	0	0	0	0	1	0	0	0
xxxx 42	0	1	0	0	0	0	0	0	1	1	1	0	0
xxxx 43	0	0	0	0	0	0	0	0	1	0	0	0	0
xxxx 46	1	0	0	0	0	0	0	0	0	0	0	0	0
xxxx 61	1	1	1	0	1	0	1	1	1	1	0	1	0
xxxx 68	0	0	1	0	0	0	0	0	0	1	0	0	0
xxx 159	0	0	0	0	0	1	0	0	0	0	0	0	0
xxx 428	1	1	1	1	0	1	0	0	0	0	1	0	0
xxx 503	0	0	0	0	0	0	0	0	0	0	0	0	0
xxx 521	1	1	1	1	1	1	1	1	1	1	1	1	0
xxx 534	0	0	0	0	0	0	0	0	0	0	0	0	0
xxx 555	1	0	1	0	0	0	0	0	0	1	1	0	0

续表

股票代码	MSYH	PAYH	ZSYH	ZGYH	JTYH	ZXYH	XYYH	PFYH	NYYH	JSYH	GSYH	GDYH	NJYH
×××558	1	0	0	0	0	1	0	0	0	0	0	0	0
×××576	0	0	0	0	0	0	0	0	0	0	1	0	0
×××586	0	0	0	0	0	0	0	0	0	0	0	0	0
×××592	1	0	1	1	0	0	1	0	0	1	0	0	0
×××620	0	0	0	0	0	1	0	0	0	0	0	0	0
×××656	0	0	0	0	0	0	0	0	0	0	1	0	0
×××663	0	0	0	0	0	0	1	0	1	0	0	0	0
×××671	1	0	0	0	0	0	0	0	0	0	0	0	0

（二）2 - 模矩阵的转换

通过对 2 - 模矩阵的转换，可以生成两个 1 - 数据和一个 2 部贷款矩阵（bipartite loan matrix）并进行相关分析。分析 2 - 模数据最常用的方法是将其转换成两个 1 - 模数据，进而考察每一类点之间的关系。例如，在本章中我们可创建"僵尸企业—僵尸企业"矩阵，它测量的是每一对僵尸企业（行动者—行动者）共同向同一银行贷款的次数。也可以创建"银行—银行"矩阵，它记录的是每一对银行之间（贷款事件）共享的僵尸企业次数，即共同向多少个僵尸企业发放贷款。转换的方法有以下两种。

（1）对应乘积法。这种方法代表的是两个行动者共同参与事件的累加次数，并且适用于二值数据。具体转换方法是分别用行动者 A 所在这一行的每一项，分别去跟 B 行动者的某一项相乘，通过两个事项的乘积来判断 A 和 B 是否共同参与，也就是说只有 A 项和 B 项都取 1 的时候乘积才等于 1，其他三种情况乘积都等于 0。如果两个行动者都没有参与事件，结果为：$0 \times 0 = 0$；如果一个行动者参与事件，另外一个不参与，结果是一样的：$0 \times 1 = 0$。因此，将所有的乘积相加，总和就代表了行动者共同参与次数。

（2）最小值方法。这种方法的具体转换方法是分别比较每个事件上的两个行动者的值，并取比较后的最小值作为结果。该方法适用于初始关系是多值数据的矩阵，因为对于二值数据来说，采用最小值和对应乘积法所计算出来的结果是一样的，而多值数据的结果则不相同。因此对于多值数据来说，这种方法的内涵就是两个行动者与事件之间的关系中的最小值。

本章所构建的僵尸企业—银行贷款矩阵为二值矩阵，如构建一个僵尸企业—银行贷款矩阵，列代表银行，行代表僵尸企业，如果元素 A_{ij} 等于1，即表示第 i 行代表的僵尸企业向 j 银行进行了贷款。此时从矩阵中看两个僵尸企业共同向银行贷款的次数只需要比较各个行即可：找出两行对应值都是1的点，进行汇总即可以计算出重叠。例如，如果比较 D 和 F，可以看出：D 向2、3、4、5银行进行过贷款，F 向3、4银行进行过贷款，它们有两个共同贷款的银行，即3和4。若采用对应乘积法可以很容易地进行矩阵转换，行动者—行动者矩阵 $P_{ij} = \sum_{k=1}^{g} A_{ik}A_{jk}$，事件—事件矩阵 $G_{ij} = \sum_{k=1}^{p} A_{ki}A_{kj}$。也就是说定义 A^T 为矩阵 A 的转置矩阵，即 $A_{ij}^T = A_{ji}$，如果 A 的规模为 $P \times G$，那么 A^T 的规模就是 $G \times P$。因此 $P = A^T \times A$，$G = A \times A^T$，如图5-1所示。

$$
A_{6 \times 5} =
\begin{array}{c|ccccc}
 & 1 & 2 & 3 & 4 & 5 \\
A & 0 & 0 & 0 & 0 & 1 \\
B & 1 & 0 & 0 & 0 & 0 \\
C & 1 & 1 & 0 & 0 & 0 \\
D & 0 & 1 & 1 & 1 & 1 \\
E & 0 & 0 & 1 & 0 & 0 \\
F & 0 & 0 & 1 & 1 & 0 \\
\end{array}
\qquad
A_{5 \times 6}^T =
\begin{array}{c|cccccc}
 & A & B & C & D & E & F \\
1 & 0 & 1 & 1 & 0 & 0 & 0 \\
2 & 0 & 0 & 1 & 1 & 0 & 0 \\
3 & 0 & 0 & 0 & 1 & 1 & 1 \\
4 & 0 & 0 & 0 & 1 & 0 & 1 \\
5 & 7 & 0 & 0 & 1 & 0 & 0 \\
\end{array}
$$

$$
P = A \times A^T =
\begin{array}{c|cccccc}
 & A & B & C & D & E & F \\
A & 1 & 0 & 0 & 1 & 0 & 0 \\
B & 0 & 1 & 1 & 0 & 0 & 0 \\
C & 0 & 1 & 2 & 2 & 0 & 0 \\
D & 1 & 0 & 2 & 4 & 1 & 2 \\
E & 0 & 0 & 0 & 1 & 1 & 1 \\
F & 0 & 0 & 0 & 2 & 1 & 2 \\
\end{array}
\qquad
G = A^T \times A =
\begin{array}{c|ccccc}
 & 1 & 2 & 3 & 4 & 5 \\
1 & 0 & 1 & 1 & 0 & 0 \\
2 & 0 & 0 & 1 & 1 & 0 \\
3 & 0 & 0 & 0 & 1 & 1 \\
4 & 0 & 0 & 0 & 1 & 0 \\
5 & 1 & 0 & 0 & 1 & 0 \\
\end{array}
$$

图5-1　僵尸企业—银行矩阵转换示例

对 2009～2018 年十年中得到的 108×47、88×48、112×52、127×68、145×122、152×119、159×123、150×122、139×124、144×126 共十个 2-模矩阵进行转换，则可分别得到十个僵尸企业—僵尸企业矩阵和十个银行—银行矩阵。其中僵尸企业矩阵中的每个数表示纵横交叉的任意两家僵尸企业共同从多少家银行取得过贷款，银行矩阵中的每个数表示纵横交叉的任意两家银行共同向多少家僵尸企业发放过贷款。表 5-2 是截取的 2018 年僵尸企业矩阵，表 5-3 截取的是 2018 年银行矩阵部分数据。可以看出，转换后的 1-模矩阵具有如下特点：（1）总是对称矩阵；（2）从对角线可以看出某家僵尸企业向多少家银行进行过贷款，或者说某家银行向多少家僵尸企业发放过贷款。例如，2018 年僵尸企业矩阵中，×××428 共向 34 家银行进行过贷款，×××521 共向 22 家银行进行过贷款，并且这两家企业从 18 家相同银行取得过贷款。而 MSYH 是向僵尸企业发放贷款最多的银行，共向 46 家僵尸企业发放过贷款，其次是 JSYH（43 家）、GSYH（42 家）和 ZXYH（42 家）。同时 ZXYH 和 MSYH 向 26 家共同的僵尸企业发放过贷款，JSYH 和 MSYH 也向 26 家共同的僵尸企业发放过贷款，GSYH 和 MSYH 向 22 家共同的僵尸企业发放过贷款。

表 5-2　　　　　　部分僵尸企业—僵尸企业矩阵（2018 年）

股票代码	×××428	×××503	×××521	×××534	×××555	×××558	×××576	×××586	×××592	×××620	×××656
×××428	34	1	18	1	6	4	1	0	6	1	1
×××503	1	1	0	0	0	1	0	0	0	0	0
×××521	18	0	22	1	5	3	1	0	6	1	1
×××534	1	0	1	1	0	0	0	0	0	0	0
×××555	6	0	5	0	6	1	1	0	3	0	1
×××558	4	1	3	0	1	4	0	0	1	1	0
×××576	1	0	1	0	1	0	1	0	0	0	1
×××586	0	0	0	0	0	0	0	1	0	0	0
×××592	6	0	6	0	3	1	0	0	7	0	0
×××620	1	0	1	0	0	1	0	0	0	1	0
×××656	1	0	1	0	1	0	1	0	0	0	1

表 5 – 3   部分银行—银行矩阵（2018 年）

银行名称	MSYH	PAYH	ZSYH	ZGYH	JTYH	ZXYH	XYYH	PFYH	NYYH	JSYH	GSYH
MSYH	46	14	25	20	20	26	24	22	20	26	22
PAYH	14	20	12	10	10	13	13	13	14	16	12
ZSYH	25	12	36	21	19	23	21	5	17	19	27
ZGYH	20	10	21	33	19	21	19	16	20	24	20
JTYH	20	10	19	19	28	23	15	16	18	18	18
ZXYH	26	13	23	21	23	42	23	21	20	21	20
XYYH	24	13	21	19	15	23	38	21	20	24	20
PFYH	22	13	17	16	16	21	21	29	17	22	17
NYYH	20	14	19	20	18	20	20	17	35	23	21
JSYH	26	16	27	24	18	21	24	22	23	43	22
GSYH	22	12	23	20	18	20	20	17	21	22	42

二、银企信贷网络的图形表达

分析 2 – 模网络的上述方法是矩阵方法，除此之外，表征网络数据的方法还有图形法，因此可以通过构建二部矩阵来画出二部图（Bipartite Two-Mode Graphs）。图形能够更加直观地呈现僵尸企业和银行之间的关系网络情况，可以利用 NetDraw 将上述数据矩阵转换为僵尸企业与银行关系网络图。以 2010 年为例，根据僵尸企业从银行取得贷款的数据矩阵，可以发现大多数地方性农商银行都仅为当地一两家僵尸企业提供过贷款。为使图像更加清晰，绘制僵尸企业与银行风险传染关系图时剔除了向小于 3 家僵尸企业发放过贷款的银行和仅向一家银行贷款的僵尸企业，得到 88 × 27 的贷款矩阵，经过转换得到 115 × 115 的 1 – 模 2 部矩阵。如图 5 – 2 所示，图中圆圈和方形分别代表银行和僵尸企业，圆圈越大意味着其所代表的银行与越多的僵尸企业存在资金信贷关系，受僵尸企业风险溢出影响的可能性越高；方形越大说明其所代表的僵尸企业从越多的银行取得了贷款支持，其风险溢出的银行范围越广。

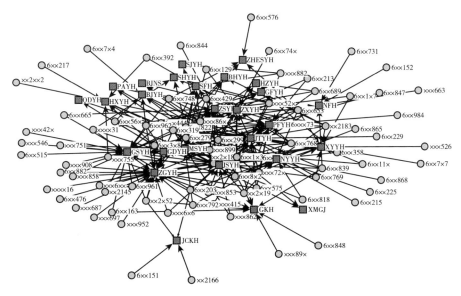

图 5 – 2　僵尸企业与银行风险传染关系网络（2010 年）

注：圆形代表僵尸企业，方形代表银行。

第三节

僵尸企业银企信贷网络的统计描述

　　上述矩阵和图形的方式可以形象地表示僵尸企业与银行之间的关系，但无法给出更多的关于关系结构的量化说明。表征网络数据方法除图形法之外，还可以对节点的中心性进行量化分析。进行量化的基本方法就是考察节点的中心性，也就是说个人或者组织在它的社会网络中处于什么样的地位，拥有多大的权利，或者其所处的位置对自身其他经济行为有什么样的影响，这些都是运用社会网络分析方法的研究者所重点关注和探讨的问题。点的中心度（centrality of a point）和图的中心势（centralization of a graph）是两个容易被混淆的概念，如弗里曼（Freeman，1979）在他早期的研究中也曾出现过在同一篇文章中同时用这两个概念进行表达却并未加以区分的情况。斯科特（Scott，2013）指出要想轻松地区分这两个概念，可以对它们的含义进行特指，如点的中心度可以特定用中心度表达，中心势则特定为整体图的中心度。因此本小节对网络的中心度包括度数、中间和接近中心度进行介绍。

度数中心度就是与该点直接相连的其他点的个数。在网络中越多与其他节点直接相连，度数中心度也就越高。由于网络中连接点的线代表关系的发生，度数中心度越高说明与这个节点发生关系的点也就越多，从而该节点的影响力也就越大。这种采用直接计数求和的方法所计算出来的是绝对度数中心度，但是间接相连的点并没有被计算在内。本书在第八章的动态仿真模型中，就运用了绝对中心度来构建节点的财务健康指标。还有一种计算方法是相对度数中心度，也就是对绝对度数中心度进行标准化，标准化后的中心度可以用来比较不同网络中节点的影响力。具体的标准化方法就是除以该节点的最大可能度数，如果一个网络中共有 n 个节点，那么每个节点的最大可能度数就是 $n-1$，如果用 C_{AD} 代表绝对中心度，那么相对中心度为 $C_{RD} = C_{AD}/(n-1)$。

中间中心度就是衡量网络中的一个点有多大的可能处于其他点对的中间。如果网络中的两点相连大多数都会经过某个节点，就说明这个点处于多个点对的中间，拥有较高的中间中心度。假设这个节点为 i，其他点对中的一对是 j 和 k，j 和 k 之间存在许多条捷径，节点 i 的中间中心度就是 X 和 Z 的捷径中经过点 Y 的占比，该比值就代表 Y 在多大程度上位于 X 和 Z 的"中间"，将该点相对于网络中所有其他点对的中间程度相加，就得到了该点的中间中心度。具体地说，如果用 $b_{jk}(i)$ 来表示节点 i 相对于某个点对 j 和 k 的中间程度，捷径条数用 g 来表示，那么有 $b_{jk}(i) = g_{jk}(i)/g_{jk}$，要求节点 i 的中间中心度 C_{ABi}，只需要对 j 和 k 分别取值以代表网络中的全部点对，用公式可以写作：

$$C_{ABi} = \sum_{j}^{n} \sum_{k}^{n} b_{jk}(i)，其中 j \neq k \neq i，并且 j < k$$

接近中心度可以用来衡量节点不受他人控制的程度。接近中心度低的点与网络中所有其他点的距离都很短，也就是说由这个点形成的点对中，出现其他节点的概率也就小，受他人控制的程度相应的也就较小。点的接近中心度计算方法就是加总该点与网络中所有其他点的捷径距离，其表达式为：$\overset{-1}{\underset{APi}{C}} = \sum_{j=1}^{n} d_{ij}$，其中 d_{ij} 是点 i 和点 j 之间的捷径距离（即捷径中包含的线数）。

具体的作用描述如表 5 – 4 所示。

表 5 – 4　　　　　　　　　　　　中心性分析指标

指标	表达式	含义
度数中心度	$C_{AD}(i)$	与该点直接相连的节点个数，可以反映节点的影响力
中间中心度	$C_{ABi} = \sum_{j}^{n} \sum_{k}^{n} \dfrac{g_{jk}(i)}{g_{jk}}, j \neq k \neq i$	测量一个点在多大程度上位于其他点对的中间，即对其他点对交往的控制能力
接近中心度	$\overset{-1}{\underset{APi}{C}} = \sum_{j=1}^{n} d_{ij}$	表示该点与所有其他点的捷径距离之和

一、僵尸企业的中心性结果

表 5 – 5 给出的是僵尸企业中心性分析结果，由于篇幅限制仅列出度数中心度排名前 5 位的僵尸企业名称。僵尸企业的度数中心度绝对值表示一个僵尸企业发生资金借贷的银行个数，对其进行标准化就可以得出相对值的大小。例如，2009 年度数中心度最高的僵尸企业是 SXNY，其向 16 家银行借过款，度数中心度相对值为 0.340。接近中心度衡量节点不受他人控制的程度，它的值越小，表示该节点越不受其他节点影响，因为它与其他节点的距离小，说明其处于核心位置。由于中间中心度衡量的是其他点对在多大程度上会经过该点，因此可以代表一个节点的控制能力。数据显示，SXNY 的中间中心度也最高，为 0.729。此外，SXNY 在 2009 ~ 2013 年度数中心度都位于前 5 位，2010 ~ 2013 年分别向 21 家、19 家、18 家、22 家银行借款，说明其处于贷款关系网络事件的核心，从中心度指标的含义看，当该企业发生风险时可能产生的风险溢出效

应最大。根据度数中心度排名，连续年度排名前 5 的还包括 LYXC、HTJD、YYT、ZZDL 等。HTJD 在 2012～2015 年曾向 32 家银行借款，到 2016 年减少至 11 家，而在 2017～2018 年又增加到 34 家。而 LYXC 更是在 2013～2018 年每年向 117 家银行借过款，度数中心度高达 0.991，可以看出这些企业风险溢出影响的银行面相对较大。

表 5-5　　　　　　　　　僵尸企业的中心性分析结果

年份	企业简称	Degree	Betweenness	Closeness	年份	企业简称	Degree	Betweenness	Closeness
2009	SXNY	0.340	0.729	0.077	2014	LYXC	0.983	0.991	0.296
	DLRD	0.319	0.777	0.087		JJMY	0.874	0.933	0.201
	CQGJ	0.234	0.713	0.033		XTDH	0.681	0.840	0.122
	DNWJ	0.213	0.698	0.029		HTJD	0.269	0.689	0.028
	XXCL	0.213	0.652	0.027		YYT	0.185	0.659	0.016
2010	SCNY	0.438	0.838	0.128	2015	LYXC	0.951	0.984	0.347
	YXHX	0.354	0.784	0.09		JJMY	0.846	0.930	0.257
	WMZX	0.271	0.742	0.042		HTJD	0.260	0.684	0.031
	QSZY	0.250	0.758	0.058		ZTEJ	0.163	0.649	0.020
	CQGJ	0.229	0.747	0.039		STGF	0.130	0.642	0.010
2011	SXNY	0.365	0.806	0.091	2016	LYXC	0.959	0.977	0.452
	DGGF	0.308	0.692	0.051		BBG	0.689	0.840	0.209
	QSZY	0.25	0.753	0.047		ZZDL	0.139	0.618	0.012
	SYGF	0.231	0.699	0.042		YSD	0.139	0.605	0.012
	GNGF	0.212	0.737	0.032		QDRK	0.131	0.614	0.011
2012	HTJD	0.471	0.798	0.152	2017	LYXC	0.944	0.966	0.424
	YYT	0.294	0.716	0.049		BBG	0.677	0.830	0.184
	DGGF	0.279	0.641	0.056		HTJD	0.274	0.667	0.032
	SXNY	0.265	0.682	0.037		ZZDL	0.169	0.627	0.012
	SGSS	0.250	0.706	0.042		XMQC	0.169	0.625	0.012
2013	LYXC	0.959	0.976	0.428	2018	LYXC	0.929	0.958	0.421
	XTDH	0.664	0.827	0.168		BBG	0.675	0.831	0.190
	HTJD	0.262	0.683	0.035		HTJD	0.270	0.667	0.036
	SXNY	0.180	0.619	0.013		WML	0.175	0.624	0.015
	YYT	0.180	0.631	0.014		PLT	0.151	0.617	0.012

二、银行的中心性结果

表 5 - 6 是银行的中心性数据。从调研数据看，实力较强的大型国有银行和股份制商业银行是僵尸企业贷款的主要来源，中心度都比较高。ZGYH 多年为度数中心度最高的银行，2014 年度数中心度最高为 0.382，根据贷款矩阵数据可知当年 ZGYH 发放贷款的僵尸企业数量为 58 家。其他国有银行的度数中心度都比较高，如 GSYH 十年间度数中心度都位于前五，2015 年度数中心度为 0.346，当年最多向 55 家僵尸企业发放过贷款；JTYH 2013 年度数中心度为 0.359，当年最多向 52 家僵尸企业发放过贷款；而 JSYH、NYYH 十年间度数中心度也始终位于前十。同时可以看到股份制商业银行中心度也较高，如 ZSYH、ZXYH、GDYH、XYYH、PFYH 等，尤其是 2017 年和 2018 年 MSYH 度数中心度都位于首位，分别向 52 家、46 家僵尸企业发放了贷款，度数中心度分别为 0.374 和 0.319，说明这些银行在风险溢出网络中处于核心地位，受到僵尸企业风险影响的可能性也较大。因此对于银行来说，需要谨慎防范僵尸企业的风险转移，尤其是对处于借贷网络中心的僵尸企业，更要加强负债约束，做好风险预警和防控预案。

表 5 - 6　　　　　　　　　　银行的中心性分析结果

年份	银行名称	Degree	Betweenness	Closeness	年份	银行名称	Degree	Betweenness	Closeness
2009	ZGYH	0.324	0.568	0.166	2011	GSYH	0.313	0.578	0.142
	GSYH	0.306	0.568	0.186		JTYH	0.295	0.572	0.138
	JTYH	0.287	0.552	0.118		ZGYH	0.277	0.546	0.130
	JSYH	0.250	0.549	0.116		ZSYH	0.250	0.566	0.117
	ZSYH	0.222	0.524	0.085		NYYH	0.250	0.557	0.115
2010	ZGYH	0.341	0.613	0.144	2012	JTYH	0.331	0.583	0.128
	JTYH	0.307	0.639	0.127		ZGYH	0.315	0.570	0.116
	GSYH	0.295	0.625	0.146		GSYH	0.268	0.553	0.073
	JSYH	0.261	0.605	0.081		ZXYH	0.260	0.555	0.086
	MSYH	0.227	0.567	0.055		JSYH	0.252	0.548	0.085

续表

年份	银行名称	Degree	Betweenness	Closeness	年份	银行名称	Degree	Betweenness	Closeness
2013	JTYH	0.359	0.673	0.069	2016	GSYH	0.307	0.647	0.088
	GSYH	0.359	0.671	0.093		ZSYH	0.280	0.638	0.077
	ZGYH	0.345	0.671	0.081		ZGYH	0.280	0.641	0.062
	ZXYH	0.331	0.666	0.076		JSYH	0.273	0.636	0.061
	JSYH	0.297	0.655	0.058		JTYH	0.260	0.632	0.062
2014	ZGYH	0.382	0.674	0.109	2017	MSYH	0.374	0.684	0.088
	JTYH	0.322	0.651	0.067		GSYH	0.353	0.672	0.086
	GSYH	0.309	0.647	0.059		JSYH	0.317	0.658	0.050
	MSYH	0.296	0.642	0.082		ZXYH	0.309	0.660	0.056
	ZXYH	0.296	0.642	0.060		XYYH	0.309	0.656	0.039
2015	GSYH	0.346	0.661	0.096	2018	MSYH	0.319	0.657	0.090
	ZGYH	0.321	0.652	0.063		JSYH	0.299	0.646	0.052
	JTYH	0.308	0.648	0.072		ZXYH	0.292	0.652	0.073
	JSYH	0.302	0.644	0.074		GSYH	0.292	0.646	0.083
	ZSYH	0.283	0.638	0.052		GDYH	0.292	0.650	0.074

第四节

本章小结

本章通过 RESET 和 CSMAR 数据库得到上市公司与银行贷款数据，经过手工筛选、编码僵尸企业向银行贷款的数据，并通过 UCINET 6.0 软件构建了僵尸企业与银行的银企信贷矩阵。具体来说，首先，构建了以各僵尸企业为行变量、所有与僵尸企业发生过信贷关系的银行为列变量的 2－模矩阵，采用人工编码的方式对资料进行转换和处理，若僵尸企业与银行存在贷款关系则赋值为 1，否则赋值为 0。由于本章采用实际利润法识别的僵尸企业每年数量不等，故而与之发生信贷关系的银行数量随之变化，因此构建了十年共十个不同的 2 - 模矩阵。其次，根据所构建的矩阵分别求出僵尸企业和银行的中心度，为进一步分析僵尸企业和银行的风险溢出效应奠定了基础。

| 第六章 |

僵尸企业银企信贷网络风险溢出效应

第一节

银企信贷风险溢出理论

一、僵尸企业的破窗效应

1969 年，菲利普·辛巴杜在他的一项实验中发现了一个奇怪的现象，如果将一辆新车停在路上，其中有一扇车玻璃是破裂的，那么不久它的其他玻璃也会被打碎，这就是著名的"破窗效应"。正式提出该理论并对其内涵加以丰富的是威尔逊和凯琳（Wilson & Kelling，1982），他们在一篇研究犯罪心理的论文①中指出，如果放任某种不良现象自由发展而不加以

---

① 威尔逊和凯琳于 1982 年在《大西洋月刊》（*Atlantic Monthly*）杂志发表题为《破窗效应》（Broken Windows）的文章。

管制，后果就是被人们不断加以模仿，最终导致不良现象普遍存在于社会之中，扰乱正常秩序。而这种现象如果出现在犯罪领域，将造成更为严重的后果。这种效应在社会上的许多方面也是存在的。由于缺少管制，没有人为打破的窗户付出代价，因此给了人们一种阴暗的从众心理暗示。在僵尸企业的风险溢出中，同样包含着这样一种破窗效应。如果银行有多个借款人，其中一位借款人为僵尸企业，僵尸企业到期无法偿还贷款，如果银行由于各种原因未能成功应对，甚至纵容或者鼓励这种行为，那么对其他借款人的心理暗示就是所贷款项可以不急于还，因为他们已经收到了僵尸企业所释放出的"即使违约也不会受到惩罚，甚至会得到好处"的信号，于是开始纷纷模仿这种行为，从而导致更多违约现象出现、信用环境被破坏的局面，产生了许多坏账并给银行造成极大的损失。由此可见，僵尸企业的负债给银行业造成了极大压力，存在引发金融系统性风险的可能。

二、债务—通货紧缩理论

关于企业债务与宏观经济影响的研究中，学者们从不同的角度得出了不同的观点。如 MM 理论是比较著名的无关论，该理论认为公司负债与企业价值无关。而费雪的债务—萧条理论是比较著名的相关论代表[①]，他认为过度负债导致大萧条，银行坏账会随着债务人的破产而不断增加，因此银行出于自身安全的角度和一种恐慌心理，会不愿意发放借款，于是出现银行惜贷现象。随着可获得贷款数量的减少，整个社会中货币供应量也随之减少，人们的购买力下降，因此实际交易也会减少，货币流通速度下降，进而出现投资不足的现象。此外，费雪还给出了九个环环相扣的、由过度债务引发恐慌性清算的后果链。

费雪认为过度投资是整个经济陷入衰退的初始环节，因为过度投资必须要大量借债，导致了信用的扩张，使得过度负债的风险逐渐凸显出来。1929~1933 年经济大萧条期间美国的负债数据证实了费雪的这个观点。此外，过度负债是一种内部资本结构和外部债务结构不均衡的状态，过度负债的溢出效应正是因为这种不均衡状态的存在而产生的。此外，过度负

---

① 费雪在 1933 年发表了《大萧条的债务—紧缩理论》一文。

债的溢出效应也符合黄和许（Huang & Xu，1999）软预算约束症状的理论假说。因此对于存在大量刚性负债的僵尸企业来说，庞大的负债规模和银行源源不断的输血，导致其受宏观经济、政策等外部环境的影响较大，当受到某种冲击时，风险将会依附于资金、信息等载体，直接经由资金链或间接通过担保链传导至银行，一旦超过某个阈值风险将会溢出至整个金融体系，引发系统性风险。也就是说，僵尸企业通过资金信贷关系很有可能将自身风险传染给银行，存在风险溢出效应（王海林和高颖超，2019）。

第二节
僵尸企业对银行的风险溢出效应检验

风险溢出效应是通过一些经济联系来影响企业的，这些联系较为复杂并且具有不透明性，往往难以察觉，因而风险溢出效应是在多方面共同作用下产生的一种现象。为了找到可以包含所有溢出效应渠道的变量，本书使用股价数据构建收益率序列，因为它可以从各种来源收集相关信息，包括同行的财务困境引起的外部性等。事实证明，股票价格在几分钟之内就会包含最新的信息，一个公司的股价收益也会反映其同行的相关信息（Jackson et al.，2016）。

早期对于金融风险传染的定量研究方法主要是建立在相关系数的基础上。克里斯汀和罗贝托（Kristin & Roberto，2002）指出收益的相关系数之所以会发生变动，归根结底还是因为市场产生了波动。因此不同市场之间的波动程度通常用股票收益的相关性变动来衡量，风险及其溢出就可以用波动来进行描述，这在许多文献中都得到了验证（Engle et al.，1990；Engle & Susmel，1993；Granger et al.，1986；King et al.，1994）。分析金融市场的重要方式就是通过波动来进行考察，波动指标往往包含两个方面的含义：一个是向上的波动，也就是获利；另一个是向下的波动，也就是损失。然而在风险溢出中，由于我们只将其定义为狭义的损失的负外部性，因此我们只关注风险带来的损失，也就是资产价格的向下波动。极端的市场损失行为体现在现代计量经济学和统计中就是收益分布的左尾概率。关于极端风险的度量模型，VaR（Value at Risk，在险价值）模型已经得到了广泛应用（Duffie & Pan，1997），如一定时期内金融资产投资组合的损失程度可以由该模型在给定损失概率的条件下度量出。金融监管机构在设定风险准备金时也常常将 VaR 作为一个重要参考指标。但是 VaR 模型也存在一定的缺陷，阿尔茨纳（Artzner，1999）认为该模型不符合一致风险测度的特点，并进一步提出了期望损失等模型。此外，VaR 只能测量单个机构的金融风险，因此阿德里安和布伦纳迈尔（Adrian & Brunnermeier，2011）在该模型的基础上提出了条件风险价值模型（conditional value at risk，CoVaR）[①]，衡量一家金融机构出现风险损失时对其他金融机构或整个金融系统的影响大小。本章计量僵尸企业对银行风险溢出的大小时所采用的就是 CoVaR 模型。

一、基于分位数回归的 CoVaR 模型

（一）分位数回归

传统的回归模型可以在平均水平上描述因变量与自变量的关系，而分位数回归与传统回归相比，优势在于可以从不同的分位数水平来描述这种关系。因变量与自变量的关系在不同分位数下呈现出不同的特点，为了更全面地描述这种关系，巴塞特和科恩克（Bassett & Koenker，1978）提出了分位回归（quantile regression）的方法，通过设置不同分位数来求解因变量与自变量之间的相关系数。分位数回归可以看成是一种更为普遍的回归方式，而传统回归只是它的一种特例，当取 0.5 分位数时就是我们常用的传统回归。

此外，分位数回归还拥有的一个优点就是对误差项要求相对宽松。不

---

① 该模型最早于 2011 年在一项工作报告中被提出，但正式发表是在 2016 年。

需要满足正态分布的要求，在使用中也不用为其设置一个分布函数，因此分位数回归方法具有很强的适用性。特别地，布钦斯基（Buchinsky，1998）指出当在分位数回归模型中估计所有分位数时，估计结果不受异常值的影响。因此这种方法在实际中具有广泛的应用范围和强大的稳固性。特别是在风险管理中，由于金融资产的尾部相依特征，对于风险的度量只需要对极端收益进行描述即可，因此采取分位数回归的方法能更好地捕捉极端收益的特征，从而可以较好地度量风险。这是在平均水平上的传统回归所不能达到的，可见分位数回归对于非正态分布的数据具有很好的适用性。由于本节所用的股价数据通常呈"尖峰厚尾"的非正态性，因此采用分位数回归求解 CoVaR 较为合理。

（二）CoVaR 模型

VaR 是度量金融机构风险的一般方法，表示在一定置信区间内发生不超过某一目标区域范围的最大损失，如果用 X^i 表示某个机构或市场的收益率并给定 q 分位数，那么有：

$$p(X^i \leqslant VaR^i) = q$$

其中，X^i 表示机构 i 的收益。可以看出 VaR 的定义也是一种分位数的描述，它表示一定目标区域范围内损失的预期分布，如果 $1 - q$ 代表置信区间，那么 q 所代表的低尾区域即为 VaR。但该方法对收益序列有较为严格的假定，要求 X^i 服从正态分布，现实金融数据普遍存在"尖峰厚尾"的特征，因此不能很好地满足该模型的要求。同时 VaR 度量的也是单个机构的风险水平，无法反映系统性风险水平或某些机构对金融系统稳定性产生的风险概率水平，因此阿德里安和布伦纳迈尔（Adrian & Brunnermeier，2011）提出了 CoVaR 这种系统性风险的度量方式。CoVaR 表示在一定置信水平 $1 - q$ 下，当某一机构的损失为 VaR 时，其他机构或者整个金融体系可能产生的最大损失。相较于 VaR 等传统的风险度量方式，该度量方式有两大优势：首先，其关注单个机构对其他机构或整个系统风险水平的贡献度，而不是仅仅关注单个机构的风险水平；其次，$\Delta CoVaR$ 可以有效度量机构间的风险溢出效应，计算原理为 $CoVaR^{j|i}$ 能够刻画出机构 i 陷入

困境时机构 j 的风险水平，再减去机构 j 自身的无条件风险价值就可以得到风险增加值 $\Delta CoVaR$，即机构 i 对 j 的风险贡献度。因此 $CoVaR^{j|i}$ 可以用一个条件概率分布的 q 分位数来表示，即：

$$p(X^j \leqslant CoVaR_q^{j|i} \mid X^i = VaR^i) = q$$

在本章的研究中，用 X^z 表示僵尸企业的收益率序列，用 X^b 表示银行的收益率序列，因此当僵尸企业发生损失 VaR^z 时，银行的可能最大损失 $CoVaR^b$ 可以表示为：

$$p(X^b \leqslant CoVaR_q^{b|z} \mid X^z = VaR^z) = q \tag{6.1}$$

$CoVaR_q^{b|z}$ 反映了条件 VaR 下银行的总风险价值，如果要描述僵尸企业对银行的风险溢出效应，即计算僵尸企业出现最大损失时银行的风险增加值 $\Delta CoVaR_q^{b|z}$，再减去银行自身的无条件风险价值 VaR_q^b，数学表达式为：

$$\Delta CoVaR_q^{b|z} = CoVaR_q^{b|z} - VaR_q^b \tag{6.2}$$

本章采用分位数方法计算考察僵尸企业发生风险时对银行系统的风险溢出效应 CoVaR 的大小，为此，首先建立如下 q 分位数回归模型：

$$R_q^b = \alpha + \beta R_q^z + \varepsilon \tag{6.3}$$

其中，R^b 和 R^z 分别代表银行与僵尸企业的收益率序列，通过分位数回归方法可以得到参数估计值 $\widehat{\alpha}$ 和 $\widehat{\beta}$。根据 $CoVaR^{b|z}$ 的定义，它表示当僵尸企业收益率处于 VaR_q^z 水平时银行的风险价值，由此可以得到：

$$CoVaR_q^{b|z} = VaR_q^b \mid VaR_q^z = \widehat{\alpha} + \widehat{\beta} \times VaR_q^z \tag{6.4}$$

为简便起见，式（6.4）中 VaR_q^z 取 q 分位数对应的值近似代替，进而求出 $\Delta CoVaR^{b|z}$。同时为了能更清楚地表示不同分位数下的风险溢出程度，对 $\Delta CoVaR^{b|z}$ 进行如下标准化处理：

$$\%\,CoVaR_q^{b|z} = \left(\frac{CoVaR_q^{b|z}}{VaR_q^b} \right) \times 100\% \tag{6.5}$$

二、数据处理及描述性统计

本章以 2009 年 1 月 1 日至 2018 年 12 月 31 日为样本期间，剔除金融类和 ST 公司。实证中僵尸企业和银行样本的股票周收益率均采用公式 $R_t = 100 \times (\ln P_t - \ln P_{t-1})(t = 1, 2, \cdots, 513$①$)$ 计算，其中 P_t 代表第 t 周的最后一个交易日股票收盘价。利用公式 $R_{bank,t} = \sum_{j=1}^{16} \dfrac{w_t^{b_j}}{\sum_{i=1}^{16} w_t^{b_i}} R_t^{b_j}$ ②和公式

$R_{zombie,t} = \sum_{j=1}^{n} \dfrac{w_t^{z_j}}{\sum_{i=1}^{n} w_t^{z_i}} R_t^{z_j}$ ③分别计算银行业与僵尸企业的加权平均收益率序

列。其中，$w_t^{b_j}$ 表示第 j 个银行在第 t 周周末的市值，$\dfrac{w_t^{b_j}}{\sum w_t^{b_j}}$ 表示第 j 个银

行在第 t 周周末的市值占比，$w_t^{z_j}$ 表示第 j 个僵尸企业在第 t 周周末的市值，

$\dfrac{w_t^{z_j}}{\sum w_t^{z_j}}$ 表示第 j 个僵尸企业在第 t 周周末的市值占比。

通过对僵尸企业和银行收益率加权可以得到僵尸企业与银行的股票周收益率序列，并以此绘制变动趋势图，如图 6-1 所示。图中灰线代表僵尸企业，黑线代表银行。可以看到银行收益率序列除由于 2015 年 "股灾" 引起较大波动外，样本期间内基本围绕 0 值上下波动，较为平稳；而僵尸企业收益率序列在样本期内还有几次较大波动。第一次大波动出现在被称为 "房地产调控元年" 的 2010 年，房地产调控政策的出台降低了市场投资预期，市场预计中游市场的公司可能会提前去库存，以推动工业产品价格调整，从而导致周期性的库存下降。但房地产投资并没有如预期一般减少，反而出现反弹。造成这种情况的原因可能是房地产开发商 2009 年在销售实现爆发式增长后资金并不紧张的缘故。这期间房地产投资增速不降反升，2010 年 3 月就达到了 35.1% 的投资增速，甚至在 6 月达到了 38.1%，因此，僵尸企业分布较多的钢铁行业、水泥行业作为房

① 样本偏度期间为 2009 年 1 月 1 日至 2018 年 12 月 31 日，共 513 周。

② 由于数据可得性，银行选取大型国有银行 5 家：ZGYH、GSYH、JSYH、NYYH、JTYH；股份制商业银行 7 家：MSYH、HXYH、ZSYH、ZXYH、XYYH、GDYH、PFYH；城市商业银行 4 家：PAYH、NBYH、NJYH、BJYH，共 16 家。社会网络数据显示，上述 16 家银行在银行业中与僵尸企业往来最为密切，因此具有较好的代表性。

③ 由于每年识别僵尸企业的结果不相同，公式中 n 代表每年识别的僵尸企业数量。

地产的中游企业受其影响出现了较大波动。

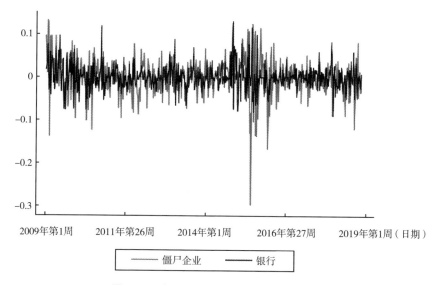

图 6 - 1　僵尸企业和银行收益率序列波动

　　第二个主要波动发生在 2011 年上半年持续的通货膨胀中。为了维持紧缩货币政策的基调，中央银行缩紧银根以应对持续的通胀，并多次上调存款准备金率。从 2011 年 4 月到 2011 年 10 月，上证综指持续下跌。在开始期望政策放松后，股市小幅反弹。由于僵尸企业股票收益率序列波动幅度较大，为保障所测算的 VaR 和 CoVaR 值的有效性，需要对僵尸企业股票收益率进行一阶差分，同时还需进行正态性检验和平稳性检验。若收益率序列不是正态分布且呈现"尖峰厚尾"特征，说明采用分位数回归能较好地捕捉尾部特征，更为科学合理。

　　如表 6 - 1 所示，为僵尸企业的股票周收益率和银行收益率的描述性分析结果。数据显示，银行收益率序列和僵尸企业收益率序列的均值分别为 0.000790 和 0.298302，标准差分别为 0.031302 和 0.456623。银行收益率均值小于僵尸企业收益率均值，但两个收益率序列中僵尸企业的标准差大于银行业，说明僵尸企业收益率波动更大。两个收益率序列偏度分别为 0.455020 和 0.872096，均不为 0；峰度分别为 5.018676 和 1.805495，银行收益率序列峰度大于 3，说明银行较僵尸企业而言更符合金融数据"尖峰厚尾"特征。JB 检验拒绝了收益率服从正态分布的原假设。两个收益率序列的 JB 统计量值均很大，且概率值均为 0.00000，说明两个收益率序列均不服从正态分布。对收益率序列进行 ADF 平稳性检验，计算可知 1%、5%、10% 显著水平的临界值分别为 - 3.442919、- 2.866976、- 2.569727。经计算，僵尸企业的一阶差分收益率序列和银行收益率序列的 ADF 值分别为 - 23.70732 和 - 26.19722，均小于 1% 置信水平上的 - 3.442919，因此拒绝存在单位根的原假设，表明收益率序列平稳。说明本研究采用分位数回归方法是合理的，具有较好的科学性。

表 6 - 1　　　　　　　　描述性统计分析结果

收益率序列	R_{bank}	R_{zombie}
均值	0.000790	0.298302
最大值	0.130387	1.086101
最小值	- 0.000423	- 0.296630
标准差	0.031302	0.456623
偏度	0.455020	0.872096
峰度	5.018676	1.805495
JB 统计量	104.6021 (0.0000)	95.2887 (0.0000)
ADF 值	- 23.70732 (0.0000)	- 26.19722 (0.0000)

注：括号内数值表示 P 值，其中 ADF 统计量是滞后 18 阶的检验结果。

三、实证结果分析

基于 CoVaR 方法分别选取 95%、99% 置信区间，建立 0.05 分位数、0.01 分位数模型，根据已有历史数据，可以估算出僵尸企业和银行在不同分位数下的 VaR 值。为简便计算，本章选取分位数对应的值近似计算。

若根据采用市值加权后的僵尸企业序列，可以得到每年所有僵尸企业对银行的 $\Delta CoVaR$ 值。利用 Eviews 8.0 软件对式（6.3）进行分位数回归，可以求出参数 $\alpha^{b|z}$ 和 $\beta^{b|z}$，取 0.05 分位数对应的值可求出僵尸企业风险价

值$VaR^z_{0.05}$，代入式（6.4）可以计算得到$CoVaR^{b|z}_{0.05}$。用同样方法可以计算出银行收益率0.05分位数对应的银行无条件风险价值$VaR^b_{0.05}$。将上述结果分别代入式（6.2）和式（6.5），可以得到$\Delta CoVaR^{b|z}_{0.05}$和$\% CoVaR^{b|z}_{0.05}$。同理计算可得0.01分位数下的结果，如表6-2所示。

表6-2　　　　　　　　　　　　　分位数回归结果

年份	分位数	$\widehat{\alpha^{b|z}}$	$\widehat{\beta^{b|z}}$	VaR^b	VaR^z	$CoVaR^{b|z}$	$\Delta CoVaR^{b|z}$	$\Delta CoVaR^{b|z}(\%)$
2009	0.05	-0.0570 (0.0001)	0.5691 (0.0000)	-0.0747	-0.0396	-0.1047	-0.0301	40.28
	0.01	-0.0372 (0.000)	0.5328 (0.000)	-0.0396	-0.0660	-0.0724	-0.0328	82.64
2010	0.05	-0.0434 (0.0000)	0.2546 (0.0000)	-0.0550	-0.0841	-0.0656	-0.0106	10.77
	0.01	-0.0400 (0.000)	0.3396 (0.000)	-0.0482	-0.0395	-0.0534	-0.0052	19.17
2011	0.05	-0.0272 (0.000)	0.1392 (0.000)	-0.0334	-0.0870	-0.0389	-0.0055	16.54
	0.01	-0.0198 (0.000)	0.2172 (0.001)	-0.0246	-0.0395	-0.0346	-0.0099	40.44
2012	0.05	-0.0257 (0.000)	0.1909 (0.000)	-0.0311	-0.0613	-0.0374	-0.0062	19.88
	0.01	-0.0224 (0.000)	0.2211 (0.001)	-0.0222	-0.0478	-0.0330	-0.0108	48.79
2013	0.05	-0.0431 (0.000)	0.7321 (0.000)	-0.0624	-0.0567	-0.0845	-0.0223	35.76
	0.01	-0.0357 (0.000)	0.7036 (0.001)	-0.0352	-0.0396	-0.0635	-0.0283	80.42
2014	0.05	-0.0296 (0.000)	0.0377 (0.000)	-0.0291	-0.0460	-0.0313	-0.0022	7.67
	0.01	-0.0244 (0.000)	0.0146 (0.000)	-0.0253	-0.0278	-0.0248	-0.0004	1.78

续表

年份	分位数	$\widehat{\alpha^{b\mid z}}$	$\widehat{\beta^{b\mid z}}$	VaR^b	VaR^z	$CoVaR^{b\mid z}$	$\Delta CoVaR^{b\mid z}$	$\Delta CoVaR^{b\mid z}(\%)$
2015	0.05	−0.0801 (0.000)	0.2547 (0.000)	−0.0793	−0.1359	−0.1147	−0.0354	44.67
	0.01	−0.0601 (0.003)	0.1912 (0.00)	−0.0607	−0.1219	−0.0840	−0.0233	38.39
2016	0.05	−0.0287 (0.000)	0.2883 (0.000)	−0.0454	−0.1020	−0.0506	−0.0052	11.34
	0.01	−0.0191 (0.003)	0.3055 (0.00)	−0.0252	−0.0611	−0.0378	−0.0126	50.24
2017	0.05	−0.0257 (0.000)	0.1573 (0.000)	−0.0280	−0.0505	−0.0178	−0.0102	36.40
	0.01	−0.0176 (0.003)	0.0745 (0.00)	−0.0184	−0.0308	−0.0153	−0.0031	16.67
2018	0.05	−0.0517 (0.000)	0.5187 (0.000)	−0.0496	−0.0886	−0.0976	−0.0480	96.77%
	0.01	−0.0319 (0.003)	0.1390 (0.000)	−0.0443	−0.0567	−0.0398	−0.0046	10.28%

注：括号中数值为 t 检验值。

可以看出，所有参数估计值均不为 0，表明银行和僵尸企业收益率序列之间存在相关关系。由回归模型可知，$\widehat{\beta^{b\mid z}}$ 越大表示僵尸企业对银行的风险传染能力越强，进而引发金融系统风险的可能性越大。从回归结果来看，$\widehat{\beta^{b\mid z}}$ 估计值均大于 0，表明僵尸企业对银行业的整体风险存在正向贡献。从银行业和僵尸企业自身风险比较看，无论是 0.05 分位数还是 0.01 分位数下，僵尸企业的 VaR 绝对值更大，说明相同条件下僵尸企业可能出现的损失更大，自身风险更高。$\Delta CoVaR$ 和 $\% CoVaR$ 表示僵尸企业风险对银行的贡献程度，说明僵尸企业通过资金信贷关系有可能将自身的风险传染给银行，僵尸企业对银行存在风险溢出效应。

若采用每年单个僵尸企业的收益率序列，由于每年僵尸企业的识别结果不同，同样运用式（6.2）至式（6.5）可以求解每个僵尸企业每年对银行的风险溢出效应，得到每个僵尸企业每年的 $\Delta CoVaR$ 值。每年在 0.05 分位数下 $\Delta CoVaR$ 排名前 5 位的僵尸企业名称见附录 B。

第三节
银企信贷网络位置对僵尸企业风险溢出的影响

一、理论分析与研究假设

网络位置这个概念是从社会关系网络研究视角所衍生出来的（Burt，2009；Granovetter，1990）。在构建了社会网络之后，研究者们开始将目光放在网络中所处的位置对于资源获取是否有影响上面。结构主义者认为网络的参与者都是理性的，并且试图从他们的网络位置中获取最大的回报。然而，在网络结构中占据丰富的结构洞也并非全是正面影响，它也可能会加大企业的风险（史金艳等，2019）。网络位置是一种相对稳定的关系模式，也是社会关系嵌入理论的重要组成部分。从网络中角色的角度来看，高里（Ghauri，1996）认为网络角色的重要程度可以从其所处的网络位置以及与网络中其他主体的关系来判断。在给定的网络中，企业的位置取决于它与网络中其他参与者的关系及它们之间的距离。廖丽平等（2012）认为位置是由关系网络中的个体集合而构成的，而角色是指两个参与者或两个位置（即行动者所形成的集合体）之间的关系。科恩等（Cohen et al.，1990）认为企业在网络中的地位和权利可以通过网络位置进行判断，它代表企业的影响力以及与网络中其他企业之间的距离。

由社会关系形成的网络结构会影响企业的资源获取，那么同样也会影响企业的风险溢出。越来越多的学者开始研究网络结构对风险溢出的影响。艾伦和盖尔（Allen & Gale）开创性地通过拓展 DD 模型[①]，研究网络

[①] 1983 年，黛蒙德和戴维格（Diamond & Dybvig）提出银行挤兑模型。

结构是怎样通过风险溢出从而对系统性风险产生影响的。石大龙和白雪梅（2015）认为危机的传染效应在不同的金融网络结构中呈现出不同的特点。随着现代社会经济体系中金融关系的不断发展和加深，各种不同的金融关系交织成了复杂的金融网络。风险是如何在网络中蔓延的、金融网络结构对风险溢出的影响成为金融理论研究的热点。越来越多的学者开始认识到网络对风险传染的重要作用，并且由于网络结构的特殊性，使得风险的传导并不是线性的传导，而是一种非线性的扩散式传导方式，金融网络中的任何节点发生了危机，都会通过网络的连接方式迅速地扩散开来。因此，网络位置是衡量网络成员地位和角色的常用指标。加拉斯基耶维奇（Galaskiewicz，1999）等指出可以按照网络成员角色的位置和重要性将其分为网络中心者、中介者及边缘者。前两者的重要性不言而喻，但是边缘者的位置也不容忽视。作为风险溢出网络中的边缘者，反而它的风险溢出是最小的，这给我们的启示是，在由僵尸企业形成的网络中，对处于网络边缘的僵尸企业，可能产生的处置风险较小。从以上的分析可以看到，关于僵尸企业的中心性与风险溢出能力的关系：僵尸企业在网络中的中心性越高，其在网络中心的位置越核心；反之，僵尸企业网络中心性越低，其越位于网络位置的边缘。僵尸企业在网络中的位置越核心，表明该企业在网络中有更多的联结关系，其产生的风险则有更多的可能溢出对象。据此提出本章假设：

H6 – 1：僵尸企业的网络位置中心度与风险溢出大小呈正相关。

二、研究设计

为了考察僵尸企业的风险外溢效应和其所处网络位置与自身财务特征的影响关系，选取 2009 ~ 2018 年数据作为研究基础，建立面板计量回归模型对僵尸企业的影响因素进行实证分析。构建模型如下：

$$CoVaR_{it} = \alpha_0 + \alpha_1 Degree_{it} + \alpha_2 Controls_{it} + \sum Year + \sum Industry + \varepsilon_{it}$$

$$(6.6)$$

其中，$CoVaR$ 为被解释变量，衡量的是僵尸企业的风险溢出效应大小；$Degree$ 为模型的主要解释变量，衡量的是僵尸企业在网络中所处的位置，值越大表明僵尸企业在网络中的位置越核心。*Controls* 为一系列控制变量，根据已有文献的研究成果（Hoshi et al.，2006；朱舜楠等，2016；陈运森等，2015）在模型中控制了公司规模、杠杆水平等变量；进一步地，模型还控制了年度效应 *Year* 和行业效应 *Industry*。具体的变量定义如表 6 – 3 所示。

表 6 – 3   **变量定义**

变量类别	变量名称	变量符号	变量定义
因变量	僵尸企业风险溢出	*CoVaR*	条件风险价值
自变量	僵尸企业中心度	*Degree*	度数中心度
控制变量	企业规模	*Size*	企业年末总资产自然对数
	杠杆水平	*Lev*	资产负债率：总负债/总资产
	企业年龄	*Age*	公司成立年限的自然对数
	自由现金流	*FCFF*	企业自由现金流的自然对数
	产权性质	*Soe*	哑变量，国有企业定义为1，其他为0
	盈利能力	*ROA*	资产收益率：净利润/平均资产总额
	大股东持股比例	*Top*1	第一大股东持股比例

三、结果分析

（一）描述性统计分析

2009～2018 年使用实际利润法识别出的僵尸企业样本共 3794 个，剔除数据缺失样本后僵尸企业样本量为 3772 个。主要变量的描述性统计结果如表 6 – 4 所示。在本章的研究样本中 *ROA* 均值为 – 0.014，最大值和最小值分别为 0.232 和 – 0.188，标准差为 0.061，表明僵尸企业的盈利能力差，基本处于亏损状态，并且各僵尸企业之间的绩效水平差异较大。根据中心度的描述性统计结果，度数中心度均值为 0.020，最大值和最小值分别为 0.983 和 0，表明各僵尸企业的中心度也存在较大差异。产权性质 *Soe* 均值为 0.655，表明所有僵尸企业样本中国有企业占 65.5%。同时资产负债率均值为 0.611，最大值和最小值分别为 0.943 和 0.047。标准差为 0.219，说明僵尸企业平均资产负债率较高。其他描述性统计结果不再赘述，上述结果表明各僵尸企业样本特征和网络位置特征比较鲜明，适合本章后续的研究。

表6-4 主要变量的描述性统计

变量	数量（个）	均值	标准差	最小值	最大值
Degree	3772	0.020	0.0629	0	0.983
Size	3772	22.106	1.521	19.429	26.008
Lev	3772	0.611	0.219	0.047	0.943
Age	3772	2.484	0.55	0	3.332
FCFF	3772	10.637	9.412	0.332	25.499
Soe	3772	0.655	0.476	0	1
ROA	3772	-0.014	0.061	-0.188	0.232
Top1	3772	0.330	0.151	0.003	0.875

同时，在进行回归分析之前，先对主要变量进行相关性分析，相关性分析结果如表6-5所示。从左下方 Pearson 相关系数来看，杠杆水平即企业负债水平与风险溢出显著正相关，为0.037，并在1%水平上显著，企业性质与风险溢出显著正相关，为0.061，并且在1%水平上显著，也就是说国有企业的风险溢出更大。其他结果不再一一赘述。

表6-5 相关系数

变量	CovaR05	Size	Leverage	Age	FCFF	Soe	ROA
CovaR05	1						
Size	0.012 **	1					
Leverage	0.037 ***	0.099 ***	1				
Age	0.071 ***	0.354 ***	0.171 ***	1			
FCFF	-0.030 ***	0.073 ***	-0.002	0.018 ***	1		
Soe	0.061 ***	0.345 ***	0.137 ***	0.520 ***	0.030 ***	1	
ROA	-0.040 ***	-0.045 ***	-0.136 ***	-0.075 ***	0.013 *	-0.052 ***	1
TOP1	-0.028 ***	0.211 ***	0.005	-0.085 ***	0.059 ***	0.132 ***	0.030 ***

注：*** 、** 、* 分别表示在1%、5%、10%水平上显著。

（二）实证检验结果

为检验网络位置对僵尸企业风险溢出的影响，采用模型（6.6）进行回归分析，实证结果如表 6 - 6 所示。其中，第（1）列的单变量回归结果在 1% 水平上显著为正，说明僵尸企业越处于网络中心，即度数中心度越大，风险溢出越大。而在控制了相关控制变量之后，第（2）列采用混合 OLS 模型进行回归分析，度数中心度的系数为 0.2827，结果依然显著，其他控制变量结果也符合预期，表明企业规模越大，可处置资产越多，对应的风险溢出越小；而年限越长，企业活力越低，可能产生的风险也就越大，符合企业生命周期理论。盈利能力越强，企业前景越好，风险溢出也就相对较小。从所有权性质来看，国有僵尸企业与政府的天然联系使得其更可能获得政府的强力支持并从银行获得贷款，相对地，对于银行和其他企业来说，受到这类僵尸企业的风险溢出的影响更大。同时，当第一大股东持股比例越高时，基于风险分散和偿债能力的约束，越会限制企业过度借贷，加强对管理层的监督从而改善公司盈利能力，降低企业风险。第（3）列中先将交乘项变量进行标准化后再乘积，分别加入杠杆水平、自由现金流、盈利能力和度数中心度的交乘项，可以看到在引入交乘项后模型解释能力有所提升，杠杆水平显著正向调节度数中心度与风险溢出的关系，也就是说杠杆水平越高，负债水平越高，越可能处于借贷网络的中心从而风险溢出也就越高。自由现金流显著负向调节度数中心度与风险溢出的关系，自由现金流代表了一个公司可支配的现金流，僵尸企业生产经营困难，能够产生的非必要酌量现金流越多也就说明可能需要的外界补助越少，风险溢出越小。值得注意的是，资产收益率显著负向调节度数中心度与风险溢出的关系，其原因在于相较于盈利能力差的僵尸企业，盈利能力好的僵尸企业更有可能给政府和银行恢复的希望，"赌徒"心理使得向其提供更多的补助，因而越可能处于借贷网络的中心。

表 6 - 6　　　　　　　　　　　回归结果

变量	（1）	（2）	（3）
degree	0.2886 *** （44.57）	0.2827 *** （41.99）	0.2729 *** （28.66）
Size		- 0.0004 ** （- 2.66）	- 0.0005 *** （- 3.48）

续表

变量	（1）	（2）	（3）
Lev		0.0005 (1.61)	0.0014 *** (4.46)
Age		0.0001 *** (3.63)	0.0001 *** (3.84)
FCFF		− 0.0000 *** (− 2.80)	− 0.0000 *** (− 3.47)
Soe		0.0015 *** (3.29)	0.0015 *** (3.25)
ROA		− 0.0038 *** (− 4.05)	− 0.0011 (− 1.07)
Top1		− 0.0000 *** (− 2.79)	− 0.0000 *** (− 3.01)
Degree × Lev			0.0056 *** (11.59)
Degree × FCFF			− 0.0045 *** (− 8.97)
Degree × ROA			0.0045 *** (7.32)
cons	0.0008 (0.57)	0.0088 ** (2.48)	0.0110 *** (3.10)
Year	控制	控制	控制
Industry	控制	控制	控制
N	3772	3772	3772
Adj R2	0.112	0.120	0.128
F	114.70	54.29	90.04

注：括号中数值为 t 检验值，***、**分别代表在 1%、5% 水平上显著。

四、稳健性检验

为使本章的主要结论得到可靠性保证，进行了以下稳健性检验。

（1）改变主要变量的衡量方式。本章通过替换关键变量的衡量指标对研究结果进行了稳健性分析，在被解释变量方面，采用 1% 分位数水平下的 CoVaR 值代替 5% 水平下的值。

（2）改变计量模型。考虑上述模型在回归分析时采用的是混合效应模型，忽略了样本数据中可能存在的个体效应，故本书进一步采用考虑了个体效应的计量模型进行稳健性检验，并分为国有企业和非国有企业两个样本对传染效应进行检验。回归结果基本保持一致，说明本章结果具有较好的稳健性（见表6-7）。

表6-7　　　　　　　　　　　　稳健性检验

变量	全样本 （1）	全样本 （2）	全样本 （3）	国有企业 （4）	非国有企业 （5）
Degree	0.3639*** （44.41）	0.3566*** （41.85）	0.3511*** （29.15）	0.4148*** （27.01）	-0.0238 （-1.65）
Size		-0.0005** （-2.51）	-0.0007*** （-3.36）	-0.0003 （-1.08）	-0.0009*** （-4.34）
Lev		0.0006 （1.57）	0.0019*** （4.74）	0.0014*** （3.44）	0.0017*** （2.87）
Age		0.0001*** （3.74）	0.0002*** （3.97）	0.0001* （1.93）	0.0002*** （4.64）
FCFF		-0.0000** （-2.53）	-0.0000*** （-3.12）	-0.0000 （-1.19）	-0.0000*** （-7.24）
Soe		0.0016*** （2.80）	0.0016*** （2.76）		
ROA		-0.0048*** （-4.03）	-0.0007 （-0.59）	0.0031** （2.32）	-0.0160*** （-9.32）
Top1		-0.0000*** （-2.86）	-0.0000*** （-3.10）	-0.0000** （-2.52）	-0.0000 （-1.37）
Degree × Lev			0.0078*** （12.81）	0.0058*** （8.87）	0.0052*** （5.19）
Degree × FCFF			-0.0053*** （-8.22）	-0.0030*** （-4.68）	-0.0111*** （-10.20）
Degree × ROA			0.0067*** （8.63）	0.0089*** （10.92）	-0.0137*** （-12.26）

续表

变量	全样本 （1）	全样本 （2）	全样本 （3）	国有企业 （4）	非国有企业 （5）
cons	−0.003 （−0.18）	0.0091 ** （2.04）	0.0119 ** （2.66）	0.0057 （0.97）	0.0172 *** （3.84）
Year	控制	控制	控制	控制	控制
Industry	控制	控制	控制	控制	控制
N	3772	3772	3772	2469	1303
Adj R2	0.1113	0.1196	0.1285	0.1676	0.1194
F	114.4	90.80	90.54	56.78	47.18

注：括号中数值为 t 检验值，***、** 和 * 分别代表在 1%、5% 和 10% 水平上显著。

第四节
本章小结

本章采用社会网络分析方法，将僵尸企业和银行作为社会网络的节点，以它们之间的贷款关系构建 2 - 模网络数据来研究僵尸企业风险对银行的溢出影响。

首先，通过手工整理企业向银行贷款的数据，构建了以各僵尸企业为矩阵行变量、所有与僵尸企业发生过信贷关系的银行为矩阵列变量的 2 - 模矩阵，并在此基础上计算出了企业和银行的中心性结果。我们发现，大型国有银行、股份制商业银行是僵尸企业贷款的主要来源，中心度都比较高，说明这些银行在风险溢出网络中处于核心地位，受到僵尸企业风险影响的可能性较大。因此对于银行来说，需要谨慎防范僵尸企业的风险转移，尤其是对处于借贷网络中心的僵尸企业，更要加强负债约束，做好风险预警和防控预案。

其次，通过构建 CoVaR 模型，证明并计算出了僵尸企业对银行的风险溢出大小。最后通过实证分析，发现僵尸企业的中心性与风险溢出能力正相关。僵尸企业在网络中的中心性越高，意味着其在网络中心的位置越核心；反之，僵尸企业网络中心性越低，其越是位于网络位置的边缘。僵尸企业在网络中的位置越核心，表明该企业在网络中有更多的联结关系，其产生的风险则有更多的可能溢出对象。

从所有权性质来看，国有僵尸企业与政府的天然联系使得其更可能获得政府的强力支持并从银行获得贷款，相对地，对于银行和其他企业来说，受到这类僵尸企业的风险溢出的影响更大。而杠杆水平显著正向调节度数中心度与风险溢出的关系，也就是说杠杆水平越高，越可能处于借贷网络的中心从而风险溢出也就越高。自由现金流显著负向调节度数中心度与风险溢出的关系，僵尸企业生产经营困难，能够产生的非必要酌量现金流越多也就说明可能需要的外界补助越少，风险溢出越小。资产收益率显著负向调节度数中心度与风险溢出的关系，其原因在于相较于盈利能力差的僵尸企业，盈利能力好的僵尸企业更有可能给政府和银行恢复的希望，"赌徒"心理使得后者向其提供更多的补助，从而使得这类企业越可能处于借贷网络的中心。

| 第七章 |

僵尸企业信贷担保网络风险溢出效应

第一节

银企信贷担保网络的相关理论

一、银企信贷担保网络的相关概念

在现实经济活动中，微观企业之间以多种形式相互关联，如供应链上下游企业、关联方企业、互保联保企业等，并通过这些关联产生了密切的资金、业务联系，由此形成了一张巨大的关系网络，其中担保关系是重要的资金联系。在对僵尸企业信贷担保网络及风险溢出进行分析前，有必要先对信贷担保、信贷担保网络的概念进行界定。

（一）信贷担保

信贷担保是指借款人在获得借款时，为其按时还款提供保证的行为。

这种行为常见于向银行申请贷款时，银行出于保护自身利益的目的要求借款人必须提供担保，以防承受借款人违约的损失。借款人可以以自身资产作为抵押，也可以寻求第三方为其提供担保。第三方担保人可以提供资产进行担保，也可以以自身信用作为担保，但是必须约定当借款人无法按时还本付息时，将由担保人承担履约责任。本书所说的信贷担保主要就是指保证担保，也就是银行在判断借款人的信用不足时，要求其找到一个可以为其提供资产和信用等作为保证的保证人，并且这个保证人需要得到银行的认可。这个过程中涉及两份协议：（1）债权债务协议，协议涉及的双方主体是银行和借款人；（2）保证协议，协议涉及的双方主体是银行和担保人。因此，保证担保实质是企业以自身的无形资产、信誉等为代价，而形成或有负债的过程。

（二）信贷担保网络

信贷担保网络中的节点是参与担保的企业，网络中的线条则是指担保关系。企业间的相互担保、连环担保或联合担保等方式是其向银行申请信贷时常见的担保方式。相互担保指的是互为双方的担保人；连环担保则是指这样一种情况，本身是债务人的企业同时又成为另一个债务人的担保人，形成了一种链条式的连环担保链；而联合担保是指多家企业形成一个联合体，这个联合体内的企业彼此为对方提供担保，因此里面包含多种相互担保关系，可以说是一种更为复杂的相互担保情形。互保、联保等信用担保机制是商业银行面对企业迫切的融资需求、有效抵押品的不足以及专业担保机构制度建设落后的背景下衍生的金融创新。在信息透明度较低的新兴市场中，由于担保未能发挥其理论上降低信息不对称、增加信贷投放、缓解事后道德风险的有效机制作用，互保、联保等信用担保机制便成为抵押担保的有效替代（罗党论和唐清泉，2007），由此，企业之间的担保关系也逐渐向担保网络结构演化。

二、银企信贷担保网络的经济后果

企业之间通过担保契约相连构成担保网络，表面上是基于交易契约的正式制度安排，然而更重要的、隐藏在这种正式制度安排之下的，是企业间通过非正式制度安排形成的社会网络结构。通过利用社会网络，借款人可以在自身抵押品不足的情况下通过社会关系寻求担保并获取融资。因此从本质上看，信用担保网络是在金融合约中嵌入了社会网络的一种形式。信用担保网络中融入社会关系的好处在于，社会网络作为一种资源获取的渠道，担保人可以凭借其社会关系掌握更多的相关信息，并且这些信息是银行都无法获得的，因此可以使担保人及时监督借款人的资金使用状况（Arnott & Stiglitz，1991；Besanko & Thakor，1987）。此外，担保人由于承受了担保责任，因而有动力对借款人进行监督。借款人的机会主义行为会随着自身被有效监督而减少，同时担保人的存在分担了部分银行面临的违约风险，整个网络的信贷资源分配效率得到了提高（Merton & Bodie，1992）。由于社会网络可以在一定程度上缓解信息不对称问题，因此融合了社会网络的信用担保网络可以帮助借款人从银行获得贷款，企业的融资能力得到了提高，公司价值也随之上升（王永钦等，2014）。但上述理论正面效应的发挥需要两个前提条件：第一，网络中的担保人比银行更具有信息优势；第二，担保人愿意利用这种信息优势进行监督（Arnott & Stiglitz，1991）。从现有文献看，多数学者研究的重点在于识别社会网络的"嵌入"功能，关注其提高信用评级、缓解融资约束的积极效应（周群力和丁骋骋，2013），较少涉及社会网络的负面效果（Portes & Landolt，2000；吴宝等，2011）。然而，实践中不断出现的担保圈危机问题说明社会网络嵌入并非只是带来正面效应，其产生的负面效应更值得关注和研究。

当担保网络遭受负面冲击时可能产生正面的共同保险效应或负面的风险溢出效应，网络成员的盈利水平直接决定了何种效应在网络内发挥主导作用。当担保网络内企业的平均盈利水平都比较高，企业拥有较强的吸收和消化风险的能力，说明网络具有较强的稳健性，因此风险在网络内溢出的可能性相对较小。共同保险效应就是指这种外在冲击造成的风险大体上能被网络所吸收，进而整个网络的稳定性得到了提高。但是如果网络组织内成员的盈利能力普遍较差，此时由于网络内企业本身的风险较大，因此无法发挥共同保险效应，反而可能产生因为网络的存在导致风险加倍溢出的负面效应。可见，担保网络的存在仅仅是风险溢出的必要而非充分条件，担保网络内企业的健康状况、平均盈利能力是决定担保网络风险溢出效应显著性与否的重要决定因素（Banal et al.，2013）。对于僵尸企业形成的担保网络来说，由于僵尸企业盈利能力差，因此在遭受负面冲击时将产生负面的风险溢出效应。

三、银企信贷担保网络风险溢出机制

企业的担保关系交错复杂，形成了一张巨大的担保网络，并成为企业内生互动（endogenous interaction）的一种重要方式。外生互动（exogenous interaction）是指由外部的冲击（如宏观政策冲击）所导致的微观主体间的行为同质性。举例来说，在宏观经济下行时期企业的盈利能力普遍受到影响，导致实体企业普遍降低投资现象的发生。杜格尔等（Dougal et al.，2015）认为内生互动是指由于微观主体之间内在关联而产生的相互影响，这种相互影响的后果就是企业的行为趋于一致，即所谓的"一荣俱荣，一损俱损"。这种影响既可能是积极的也可能是消极的，但相对来说负面的影响一般更加迅速并且明显，尤其是企业之间的内在联系容易导致风险的相互传染。

企业的危机会通过内生互动机制对其他企业产生影响，甚至将危机传导至其他企业，而内生互动机制的广泛存在又可能使得局部风险迅速演化成全面的风险爆发，这种情况下极端事件发生的可能性较大（Gatti et al.，2009，2010）。假设市场中存在的僵尸企业为 Z，为其提供担保的企业为 G，当遭遇外来的宏观冲击时，企业生产经营效率受到影响而普遍降低，此时，不考虑企业内部关联，只考虑外部冲击对企业造成的同质影响即为外生互动机制，如图 7 - 1 左图所示；倘若考虑企业间的相互作用，即内在关联影响行为主体，如图 7 - 1 右图中所示，外在冲击不仅会对企业生产经营效率产生影响，同时由于僵尸企业和担保企业的内在关联，僵尸企业 Z 受到冲击产生的风险还会通过内在担保作用传导至企业 G。从这里可以看出，两种机制的区别在于内生互动机制考虑了企业间的内在关联。

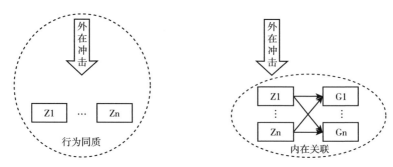

图 7 - 1　外生机制（左图）和内生机制（右图）

在这里我们所考虑的企业间内在联系就是所存在的担保关系，其构成风险溢出的路径导致僵尸企业的风险会沿着这条路径传递下去。因此，在僵尸企业的担保网络中，为僵尸企业提供担保或被僵尸企业担保的企业都将受到僵尸企业风险溢出效应的影响，产生流动性风险，从而影响企业的价值和盈利能力，进一步导致信用风险的增加。此外，担保网络中的关系是一种非线性的建立过程，这一过程体现了网络由点到面的演进过程和趋势，网络实际上是一种非线性的结构，因此风险在传递过程中也可能发生非线性的几何式增长，甚至导致网络的崩溃。

根据网络图论的有关知识，不同于第五章僵尸企业与银行形成的 2 - 模网络，由于本章僵尸企业担保网络涉及的主体均为企业，因此构成了企业—企业的 1 - 模网络。企业间担保关系的紧密程度可以由担保网络企业之间的距离度量，反映了企业间的直接或间接担保关系。企业间担保链条越多，担保数额越高，担保关系也就越紧密。

第二节

理论分析与研究假设

在信用担保中，借款人和担保人的作用是相互的，不管是借款人还是担保人的质量下降，都会对另一方产生影响。如果是借款人发生违约，那么担保人需要承担偿还责任，对担保人来说是一种损失；反过来如果担保人的质量下降，银行也会相应地要求借款人提高担保价值，从而使借款人的融资成本得到提高（Cook & Spellman，1996）。但是从整个僵尸风险溢出对象的角度看，不管是借款人还是担保人质量的下降，银行都将受到其负面影响。因此，在由僵尸企业形成的担保网络内，企业的平均盈利能力较低，不管是成为僵尸企业的担保人还是被担保人，都极容易受到僵尸企业负面的风险溢出效应影响，甚至进一步放大风险，最终将风险转嫁给银行。

一、僵尸企业担保网络与企业价值

如果一家企业为僵尸企业提供担保，那么其相当于承担了一项潜在的还款义务，虽然对于正常的担保来说，这项潜在义务是否发生还要根据借款人未来的还款能力来决定，但是对于僵尸企业的担保企业来说，由于僵尸企业几乎不可能按时偿还债务，因此可以说在可预见的将来，担保企业将承受一部分的还款义务，其中可能发生的损失难以估量，甚至还可能对担保企业的财务状况和经营成果乃至公司总体价值产生较大的影响。

由于我国证券市场中企业担保行为不规范、过度担保等现象屡见不鲜，绩效差的公司甚至一度成为对外担保的主力军（彭强和周海鸥，2002），大量的亏损公司、ST 公司频繁对外提供担保（罗艳梅，2004）。对被担保企业来说，僵尸企业在自身经营效率低下、资不抵债的情况下仍为其提供担保，抵押价值将受到严重影响。孟佐达（Menzoda，2010）发现当企业杠杆升高到一定程度时就会触发抵押品约束，引起抵押资产价值和质量的下降。抵押品价值和质量的下降会影响借款人的资金获得，而可获得资金的下降又会进一步引起产出和要素分配的下降。这些研究都表明，抵押品价值内生于宏观经济状况，僵尸企业的抵押担保行为会对借款企业的融资行为产生影响，甚至还会影响宏观经济环境。本梅勒克和伯格曼（Benmelech & Bergman，2011）的研究指出，如果一个借款人发生破产，其所在行业的其他借款人的抵押品价值也会降低，并导致这些借款人也发生破产,"担保渠道"是不断放大经济周期的重要原因。

同样,对于僵尸企业担保网络中的企业来说,为僵尸企业提供担保可获得的收益微乎其微,却要承担很大的风险。由于僵尸企业的财务状况较差,不具备到期还款能力,因此到期时担保人需要承担债务清算的连带责任,产生的担保损失对担保人来说是一项现金流出。担保企业在履行担保义务之后,尽管在法律上拥有向被担保人追偿的权利,但由于担保对象是僵尸企业,几乎很难获得补偿。故而当担保网络内的僵尸企业遭受巨大冲击(如强制清理僵尸企业的政策冲击)时,担保企业也将受到影响,在增大财务风险的同时可能降低企业的价值。从理论上来说,如果将企业的价值认定为其未来现金流量的现值,用 V 来表示企业的价值,用 CF 表示未来现金流量,那么有 $V = \sum_{t=1}^{n} CF_t / (1 + r)^t$。从公式中可以看出,当企业发生对外担保后,由于存在是否履行连带还款责任的不确定性,因此增加了企业代偿债务而导致现金流出的风险,进而增加了企业的财务风险和经营风险,贴现率 r 也将随之上升。显然,这将导致公司价值 V 下降,企业整体还款能力下降。情况严重时风险将在担保网络中进一步溢出,不断增加银行的呆账、坏账,引起的流动性冲击将给银行带来巨大风险,甚至导致整个金融体系崩溃。因此,总体而言,对外担保会对担保企业的公司价值带来负面影响。据此提出本章第一个假设:

H7-1:加入僵尸企业担保网络将降低企业价值。

二、僵尸企业担保网络与信贷扭曲

僵尸企业的信贷担保是一个复杂并且牵扯面较广的问题,其中不仅包括僵尸企业、银行、提供担保与被担保的企业,还涉及企业大股东、管理者等,甚至可能存在地方政府官员由于晋升压力而介入企业关系,通过促使企业之间形成担保关系帮助其获得贷款等现象。上市公司丧失了原本作为担保人所拥有的信息优势,原有的担保监督机制也会被破坏,这将进一步放大因担保而产生的潜在财务风险。

僵尸企业的构成中以国有企业为主,由于国有企业承担了大量社会性负担,政府出于保就业、维持社会稳定以及国有企业与政府的天然联系等方面的原因，往往会对国有企业伸出援助之手，而银行业也倾向于为其提供贷款，这相当于为企业提供了一种隐性担保（袁淳等，2010）。虽然政府担保可以在一定程度上降低银行风险（Park & Shen，2003），但是却导致了预算软约束下的低效率，也在一定程度上激励了信贷资金向低效率企业的"逆向流动"，整体的经济运行效率和经济增长速度在信贷资源"错配"的背景下被大大削弱（马草原等，2015）。同时，银行以低于市场平均水平的利率源源不断地提供资助，造成信贷失衡，成为僵尸企业形成的"温床"。

图 7 - 2 描述了僵尸企业与信贷失衡的情况，其中 P^* 为市场价格，Q^* 为当僵尸企业处于关闭停业点时的状态产量，此时僵尸企业总收益为 $S_{P^*AQ^*O}$，总成本为 $S_{P_1BQ^*O}$，那么损失的固定成本为总收益与总成本之差，即图中 $S_{P^*ABP_1}$ 面积部分。若此时银行以低于市场的利率水平为僵尸企业提供贷款，僵尸企业的平均生产成本降低，由 AC 曲线降为 AC_0 曲线，总成本降为 $S_{P_0DQ^*O}$，企业损失 $S_{P_1BDP_0}$，企业此时不愿退出市场，因为 $S_{P^*ABP_1} \geqslant S_{P_1BDP_0}$，企业选择退出市场将承受更大的损失，因此对于僵尸企业来说选择不退出市场而继续保持这种状态反而更有利。由于银行的这种补贴并非市场配置的结果，而是银行出于自身目的所做的选择，因此并不会使整个行业的成本下降，反而造成了行业供给增加，进而造成市场价格进一步下降，即 P^* 下降，僵尸企业总收益 $S_{P^*AQ^*O}$ 进一步缩小，于是银行只能再次对僵尸企业进行补贴，由此进入了补贴以降低僵尸企业成本和僵尸企业亏损的恶性循环。在这里降低僵尸企业的成本的变化主要是指利息支出，也就是指融资成本的变化。由于担保网络本身就可能导致风险叠加和累积，这种恶性循环在僵尸企业担保网络中更加显著。对于担保网络里的其他企业来说，一方面僵尸企业占据了更多原本并不属于它的信贷资源；另一方面银行在不断降低僵尸企业融资成本的同时，会相应地提高其他企业的融资成本，影响其他企业的资金获得，可能诱发其财务风险，进而导致更多企业发生风险，进一步加剧信贷扭曲。据此，提出本章第二个假设：

H7 - 2：加入僵尸企业担保网络的企业信贷扭曲程度更严重。

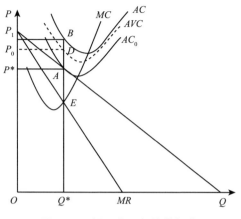

图 7 - 2　僵尸企业与信贷扭曲

实证分析

一、研究设计

（一）变量选取和数据描述

为验证上述假设，主要的被解释变量为代表企业价值的 *Tobin's Q* 值和代表企业信贷失衡程度的 *Distortion*。其中信贷失衡程度借鉴罗伟和吕越（2015）的研究，选取利息支出偏差作为信贷扭曲程度的代理变量。

本节重要的解释变量为上市公司是否加入担保网络，通过构建 *Network* 这一指标并结合手工收集的僵尸企业担保数据进行判断，如果公司某一年度加入僵尸企业担保网络，则 *Network* 取值为 1，否则为 0。本书僵尸企业的担保网络数据取自 Wind 数据库，使用的其他数据均来自 CSMAR 国泰安数据库和 RESET 锐思数据库。在构建僵尸企业担保网络时首先从 Wind 担保数据库中获取了 2009 ~ 2018 年所有参与担保的上市公司共

124536 笔担保信息。其次，对原始的担保合约进行筛选，由于公布的担保信息中仅包括被担保对象的企业名称，并未匹配到其具体所属的上市公司代码，因此本章在构建上市公司母子公司信息库的基础上利用 Python 文本分析技术，将被担保企业名称与其所属上市公司代码进行匹配，最终得到僵尸企业与上市公司间的担保数据 21003 笔，具体担保情况如表 7 - 1 所示。最后，将上述数据从年度层面运用社会网络软件进行汇总，得到了每个年度的僵尸企业担保网络情况。

表 7 - 1　　　　　　　　　　与僵尸企业有关的担保情况

年度	公告的担保信息			公告担保的企业数量			担保金额（万元）（涉及僵尸企业）
	总数（家）	涉及僵尸企业（家）	占比（%）	总数（家）	涉及僵尸企业（家）	占比（%）	
2009	2111	55	2.61	412	32	7.77	349713.9
2010	4873	712	14.61	720	162	22.50	4956069.1
2011	6376	1311	20.56	824	210	25.49	13113738.2
2012	7776	1516	19.50	963	222	23.05	11777916.5
2013	9052	1586	17.52	1051	207	19.70	12883537.0
2014	10819	1955	18.07	1168	203	17.38	17018945.6
2015	14121	2459	17.41	1322	241	18.23	23527055.3
2016	19590	2932	14.97	1499	283	18.88	30723799.6
2017	22522	4191	18.61	1573	323	20.53	51566348.6
2018	27323	4286	15.69	1733	340	19.62	61285544.7
合计	124563	21003	15.95*	11265	2223	19.31*	22720266.9*

注：带 * 号的数字表示该列的平均值。

从表 7 - 1 可以看出，2009 ~ 2018 年平均每年公告担保信息的公司在 1100 家左右，其中涉及与僵尸企业担保的平均在 200 家左右，占全部公布信息企业的 19.31%，说明僵尸企业的担保网络所覆盖的企业面较广，可能产生的溢出效应较大。同时涉及僵尸企业的担保金额逐年递增，到 2018 年已达到 6128 亿元左右，十年间平均每年涉及的担保金额也在 2272 亿元左右。担保金额在一定程度反映了对外提供信用的力度，担保金额越大，那么企业承担的或有负债就越大，公司所丧失的"信用资源"就越多，给公司带来的风险也就越大。

（二）模型构建

为了考察担保网络对企业价值的影响，采用如下模型对假设 7-1 进行检验：

$$Tobin's\ Q = \beta_0 + \beta_1 Network_{it} + \beta_2 Lev_{it} + \beta_3 Soe + \beta_4 Top1 + \beta_5 Gua$$
$$+ \sum year + \sum industry + \varepsilon_{it} \quad (7.1)$$

在对外担保决策中，控股股东利益侵占动机发挥了非常重要的作用（罗党论和唐清泉，2007；刘小年和郑仁满，2005），可能会造成估计结果的偏差，因此在模型中加入了第一大股东持股比例 Top1 以控制差治理公司加入担保网络从而导致利益侵占行为的问题。而公司的规模和年龄反映上市公司的成长性以及对外获取信用资源的能力，其他控制变量包括产权性质等，具体参见表 7-2。除此之外，还控制了年份和企业所处行业虚拟变量。

表 7-2　　　　　　　　　　　　　变量定义

变量类型	变量名称	变量符号	变量定义
因变量	企业价值	Tobin's Q	资产的总市场价值/总资产的账面价值
	信贷扭曲程度	Distortion	利息支出与每组企业利息支出的均值差的平方取对数
	盈利能力	ROA	资产收益率、净利润/平均资产总额
关键变量	担保网络	Network	企业处于僵尸企业担保网络中取1，否则取0
控制变量	担保规模	Gua	前一年累计担保金额/当年净资产比率
	杠杆水平	Lev	资产负债率、总负债/总资产
	企业规模	Size	企业年末总资产自然对数
	企业年龄	Age	公司成立年限的自然对数
	产权性质	Soe	哑变量，国有企业定义为1，其他为0
	大股东持股比例	Top1	第一大股东持股比例
	货币政策	MP	若年份为2010年、2011年、2015年、2016年，则 MP 取值为1，其他年份取值为0

为了考察担保网络对信贷扭曲程度的影响，采用如下模型对假设 7-2 进行检验：

$$Distortion = \beta_0 + \beta_1 Network_{it} + \beta_2 Lev_{it} + \beta_3 Soe + \beta_4 Top1 + \beta_5 MP$$
$$+ \sum year + \sum industry + \varepsilon_{it} \qquad (7.2)$$

该模型中货币政策参照饶品贵和姜国华（2013）的研究，具体如表 7 - 2 所示。

二、结果分析

（一）描述性统计结果

主要变量的描述性统计结果如表 7 - 3 所示。在本章的研究样本中 $Tobin's\ Q$ 的均值为 1.823，最大值和最小值分别为 7.034 和 0，标准差为 1.126，说明因变量 $Tobin's\ Q$ 可能存在异常值，为此对其进行上下 1% 的缩尾处理。$Network$ 的均值为 0.193，说明样本中有 19.3% 的企业处于僵尸企业担保网络之中。产权性质 Soe 均值为 0.417，表明所有僵尸企业样本中国有企业占 41.7%，非国有企业占 58.3%。第一大股东持股比例均值为 0.336，最大值和最小值分别为 0.737 和 0.087，同时资产负债率均值为 0.490，最大值和最小值分别为 0.937 和 0.092，标准差为 0.198，说明样本中第一大股东持股比例和资产负债率均存在较大差异。其他描述性统计结果不再赘述。上述结果表明各僵尸企业担保网络样本特征比较鲜明，适合后续研究。

表 7 - 3　　　　　　　　主要变量的描述性统计

变量	数量	均值	标准差	最小值	最大值
$Tobin's\ Q$	10545	1.823	1.126	0	7.034
$Distortion$	10545	38.085	1.704	32.079	44.516
$Network$	10545	0.193	0.396	0	1
Gua	10545	0.353	0.882	0	6.438
$Size$	10545	22.346	1.318	19.768	26.382
Lev	10545	0.490	0.198	0.092	0.937
Age	10545	10.189	6.728	0	28
Soe	10545	0.417	0.493	0	1
ROA	10545	0.035	0.058	-0.234	0.199
$Top1$	10545	0.336	0.146	0.087	0.737

表 7 - 4 报告了主要变量的相关系数，Panel A 为模型 7 - 1 中各相关系数结果，可以看到是否加入僵尸企业担保网络与企业 Tobin's Q 相关系数为 - 0.054，且在 1% 水平上显著；Panel B 为模型 7 - 2 中的各主要相关系数结果，是否加入僵尸企业担保网络与信贷扭曲的相关系数为 0.033，且在 1% 水平上显著。

表 7 - 4　　　　　　　　　相关系数

Panel A

变量	Tobin's Q	Network	Lev	Size	Age	FCFF	Soe	Top1	Gua
TobinQ	1								
Network	- 0.054 ***	1							
Lev	0.030 ***	0.036 ***	1						
Size	- 0.389 ***	0.067 ***	0.063 ***	1					
Age	- 0.051 ***	0.232 ***	0.112 ***	0.314 ***	1				
FCFF	- 0.008	- 0.015	- 0.005	0.048 ***	0.019 *	1			
Soe	- 0.125 ***	0.135 ***	0.101 ***	0.335 ***	0.490 ***	0.033 ***	1		
TOP1	- 0.132 ***	- 0.025 ***	0.008	0.239 ***	- 0.043 ***	0.063 ***	0.148 ***	1	
Gua	- 0.127 ***	0.050 ***	0.001	- 0.203 ***	0.0140	- 0.005	- 0.060 ***	- 0.055 ***	1

Panel B

变量	Distortion	Network	Lev	Size	Age	FCFF	Soe	Top1	MP
Distortion	1								
Network	0.033 ***	1							
Leve	0.008	0.036 ***	1						
Size	0.038 ***	0.067 ***	0.063 ***	1					
Age	0.048 ***	0.232 ***	0.112 ***	0.314 ***	1				
FCFF	- 0.042 ***	- 0.015	- 0.005	0.048 ***	0.019 *	1			
Soe	0.057 ***	0.135 ***	0.101 ***	0.335 ***	0.490 ***	0.033 ***	1		
Top1	0.024 **	- 0.025 **	0.008	0.239 ***	- 0.043 ***	0.063 ***	0.148 ***	1	
MP	- 0.097 ***	0.039 ***	- 0.009	- 0.064 ***	- 0.052 ***	- 0.048 ***	0.053 ***	0.033 ***	1

注：括号中数值为 t 值，*** 、** 和 * 分别代表在 1% 、5% 和 10% 水平上显著。

（二）实证检验结果

表7-5报告了模型的回归结果，其中第一列和第二列的被解释变量为企业价值 *Tobin's Q*，第三列和第四列的被解释变量为信贷扭曲程度 *Distortion*。同时第一列和第三列为只控制行业和年度，不加入其他控制变量的回归结果，考察是否加入僵尸企业担保网络产生影响。第二列和第四列分别在控制行业和年度的基础上加入了其他可能影响因变量的控制变量，目的在于考察在其他条件相同的情况下，是否加入僵尸企业担保网络产生影响。

表7-5 回归结果

变量	(1) Tobin's Q	(2) Tobin's Q	(3) Distortion	(4) Distortion
Network	-0.0616*** (-2.38)	-0.0869*** (-3.54)	0.3312*** (8.29)	0.2345*** (5.83)
Lev		0.0864*** (6.88)		0.0480** (2.42)
TOP1		-0.0006 (-0.85)		0.0055*** (4.87)
Soe		-0.0512** (-2.10)		0.0607 (1.52)
Size		-0.3266*** (-37.35)		0.2099*** (15.06)
Age		0.0187*** (10.20)		-0.0358*** (-11.95)
Gua		-0.577*** (-5.23)		
MP				1.1187*** (11.90)
cons	2.427*** (25.38)	9.210*** (46.12)	36.854*** (250.23)	32.4887*** (101.64)

变量	（1） *Tobin's Q*	（2） *Tobin's Q*	（3） *Distortion*	（4） *Distortion*
year	控制	控制	控制	控制
Industry	控制	控制	控制	控制
N	10545	10545	10545	10545
Adj R2	0.1447	0.2743	0.1138	0.1489
F	68.46	123.95	51.93	59.26

注：括号中数值为 t 值，*** 、** 分别代表在 1%、5% 水平上显著。

回归结果表明，在不加入其他控制变量的情况下，*Network* 的回归系数分别为 −0.0616 和 0.3312，且都在 1% 的水平上显著。进一步地，在控制了其他可能的影响因素后，第二列 R 方从 0.1447 变为 0.2743，第三列 R 方从 0.1138 变为 0.1489，说明模型解释能力提升。第二列 *Network* 的回归系数为 −0.0869 在 1% 水平上显著，说明在其他条件相同的情况下，相较于没有加入僵尸企业担保网络的企业，处于网络中的企业价值更低。第四列 *Network* 的回归系数为 0.2345 在 1% 水平上显著，说明在其他条件相同的情况下，相较于没有加入僵尸企业担保网络的企业，处于网络中的企业信贷扭曲程度更为严重。其他控制变量结果如杠杆水平 *Lev*，回归系数为 0.0864，在 1% 水平上显著。由于债权人可能有助于减少代理问题，进而影响公司业绩（McConnell & Servaes，1995），且负债具有税盾（Tax shield）作用，因此适度负债可以提高企业价值。而小企业相较于大企业有更好的成长预期，企业规模越大，其成长性越差，因而市场价值越低（Morck et al.，1988），企业规模系数 *Size* 为 −0.3266 且在 1% 水平上显著。与此同时，规模较大企业加入僵尸企业担保网络所带来的信贷扭曲程度越强。产权性质系数为负，说明国有企业由于更多地参与到僵尸企业担保网络中，受担保网络对企业的负面效应影响表现更差，而民营企业由于自身抵抗风险能力更差且受政府干预程度相对较小，在较少参与僵尸企业担保网络的情况下反而表现较好。以上结果都初步支持了假设 7−1。第三列 R 方从 0.1138 变为 0.1489，模型解释能力有所提升，*Network* 回归系数为 0.2345，在 1% 水平上显著，说明处于僵尸企业担保网络中进一步加剧了信贷扭曲，其他控制变量结果不再赘述，结果都初步支持了假设 7 – 2。

第四节
进一步分析

一、僵尸企业担保网络形成原因

以上内容证实了僵尸企业担保网络的负面效应，那么在与僵尸企业发生担保关系存在隐含风险的前提下，为何仍有大量企业为僵尸企业提供担保并最终形成担保网络，其中的原因值得进一步探讨。通过之前的理论分析我们知道，企业之间的社会关系是信用担保及其网络有效运转的一个基本条件（Arnott & Stiglitz，1991；Besanko & Thakor，1987）。企业间的社会关系网络保证了担保人的信息优势，可以施加比银行更为有效的监督。第二个是担保人愿意监督借款人。但是，对于一些地方政府而言，出于政绩等一系列因素的考量使得其不断干预企业的生产经营，为了防止企业破产对当地就业等产生影响，往往会对一些企业实行财政补贴，容易使其中一些企业形成僵尸企业。同时，干预贷款对政府来说是一种相对成本较低的扶持方式，因此一些地方政府往往选择人为干预企业的担保行为，鼓励为僵尸企业提供担保。这意味着地方政府干预程度越高，企业参与僵尸企业担保网络的可能性越高。另外，在金融市场化改革相对滞后的情况下，银行分支机构出于业绩压力，为了达到短期业绩考核的目标，往往存在发放过量信用担保贷款的动机，而信息的不对称更是促使了该行为的发生，这为经营状况差的企业通过两两互保的方式获得贷款提供了便利。这意味着，金融市场化水平越滞后，企业参与僵尸企业担保网络的可能性越高。因此构建如下模型对僵尸企业担保网络的形成原因进行分析。

$$Network_{i,t+1} = \beta_0 + \beta_1 Finance_{it} + \beta_2 Gov + \beta_3 Soe + \beta_4 Top1 + \beta_5 Lev_{it}$$
$$+ \sum Year + \sum Industry + \varepsilon_{it} \qquad (7.3)$$

金融机构市场化水平 *Finance* 和政府干预水平 *Gov* 均取自樊纲等编著的《中国市场化指数（2016）》①。由于该部分数据只统计到 2016 年，对之后的数据采用趋势预测法进行补充。回归结果如表 7 - 6 所示，其中第一列为金融机构市场化水平对企业加入僵尸企业担保网络的影响，系数为 -0.211，在 1% 水平上显著，金融市场化水平越低，企业加入僵尸企业担保网络的可能性越大。金融市场化水平越低，银行出于绩效或者掩盖坏账的考量而发放贷款的冲动也就越强，企业之间通过信用担保获取贷款的可能越大。第二列的结果为地方政府干预水平对当地企业加入僵尸企业担保网络的影响。在晋升激励下，地方官员拥有动机促使本地僵尸企业通过信用担保方式获得贷款，以稳定当地经济和就业，这种倾向加大了担保网络的形成。

表 7 - 6　　　　　　　　　　进一步分析结果

变量	（1）	（2）	（3）
Finance	- 0.211 *** (- 10.48)		- 0.209 *** (- 10.25)
Gov		0.213 *** (4.27)	0.189 *** (3.87)
Lev	1.583 *** (12.35)	1.566 *** (13.92)	1.680 *** (14.03)
*TOP*1	- 0.0108 ** (- 3.75)	- 0.0126 *** (- 4.28)	- 0.0142 *** (- 4.41)
Soe	0.0233 *** (5.41)	0.0137 *** (4.52)	0.0948 (1.45)
Size	- 0.142 (1.13)	0.139 *** (2.78)	0.187 (1.36)

① *Finance* 取自"金融市场化程度"分指数；而 *Gov* 是"减少政府对企业的干预"分指数乘以 -1 后的结果，*Gov* 越大，地区政府的干预水平越高。

续表

变量	(3)	(2)	(1)
Age	0.0129 * (1.86)	− 0.0258 *** (− 4.95)	0.0239 (1.02)
ROA	− 1.581 *** (− 4.15)	− 1.418 *** (− 3.65)	− 1.236 *** (3.29)
cons	9.210 *** (46.12)	5.780 *** (37.64)	5.235 *** (36.02)
Year	控制	控制	控制
Industry	控制	控制	控制
N	10545	10545	10545
Adj R2	0.1743	0.1183	0.1804
F	123.95	109.26	115.39

注：括号中数值为 t 值，*** 、** 和 * 分别代表在 1%、5% 和 10% 水平上显著。

二、稳健性检验

（一）加入僵尸企业担保网络对企业盈利能力的影响

本章的主要目的在于验证加入僵尸企业担保网络对作为微观主体的企业盈利能力的影响。之前的分析主要关注对企业价值的影响，然而，担保网络的负面效应不仅会作用于企业价值，也会对公司的盈利能力产生影响。本部分关注加入僵尸企业担保网络对公司盈利能力的影响，我们将被解释变量替换成公司资产回报率 ROA 重新进行回归。Network 系数依然显著为负，说明加入担保网络降低了企业盈利能力。

（二）自选效应的讨论

之前的结果显示加入僵尸企业担保网络会对企业价值、绩效造成负面影响，说明在社会网络被虚构或者滥用的情况下，信用担保的信息机制被扭曲，引发了借款人的机会主义行为，进而降低了信贷资源配置效率。本小节采用 PSM 方法解决自选择效应，其基本思想是比较同一企业在"加入僵尸企业担保网络"和"未加入僵尸企业担保网络"两种状态下的企

业价值，由于对比的是同一企业，我们可以确定加入担保网络对企业价值
的影响。

为了剔除样本选择偏差的影响，借鉴罗森鲍姆和鲁宾（Rosenbaum &
Rubin，1985）的研究，在未加入担保网络的公司当中找到与加入担保网
络的公司相似的公司，由于两者加入担保网络的倾向类似，可以通过对比
两类样本的绩效差计算加入担保网络对公司绩效的影响。用最近邻匹配法
对样本进行匹配，影响企业加入僵尸企业担保网络的因素方程参照前面的
模型。表7－7汇报了倾向得分匹配后加入担保网络对企业价值 Tobin's Q
的影响。可以看出在剔除了样本选择效应后，实验组和控制组之间的绩效
依然存在显著差异。

表7－7　　倾向得分匹配后加入僵尸企业担保网络对企业价值的影响

变量	样本	实验组	控制组	差异	标准差	t 值
Tobin's Q	匹配前估计值	1.70	1.85	− 0.15 ***	0.028	− 5.43
	匹配后估计值	1.70	1.78	− 0.08 ***	0.019	− 4.11

注：＊＊＊代表在1%水平上显著。

倾向得分匹配法的效果依赖于匹配之后控制组和样本组的选择变量是
否存在显著差异，如果不存在，说明两组样本的选择是随机的，除了担保
网络这一变量外其他变量不存在差异。表7－8汇报了匹配平衡性检验的
相关结果。可以看到，在匹配之后两组样本的解释变量差异大幅下降，而
匹配之后两组样本各变量差异的 t 统计变量变得高度不显著，这说明匹配
方法的选择是适当的，匹配之后加入担保网络的公司和未加入担保网络的
公司变量基本一致。

表7－8　　　　　　　　　　　匹配平衡性检验

变量名称	处理	均值		标准偏差减少幅度（%）	t 统计量	T 伴随概率
		处理组	控制组			
Lev	匹配前	0.513	0.596	91.3	4.73	0.17
	匹配后	0.513	0.520		14.10	0.67

续表

变量名称	处理	均值		标准偏差减少幅度（%）	t 统计量	T 伴随概率
		处理组	控制组			
Top1	匹配前	34.491	35.605	-18.8	-12.22	0.87
	匹配后	34.491	33.167		-17.62	1.04
Size	匹配前	22.559	23.198	93.5	-42.10	0.46
	匹配后	22.559	22.6		-73.73	0.96
Age	匹配前	10.146	12.684	32.9	-4.78	0.91
	匹配后	10.146	11.85		-3.63	0.93
Gua	匹配前	0.294	0.323	57.4	13.42	0.80
	匹配后	0.294	0.306		28.60	1.27

在上述匹配结果的基础上，我们剔除了没有匹配成功的样本，然后依据匹配后样本重新对基本方程的结果进行回归，结果如表7-9所示。主要变量 Network 的系数基本未变，说明本章的结果不受样本选择偏差的影响。

表7-9　　　　　　　稳健性检验结果

变量	ROA	Tobin's Q
Network	-0.0116 *** (-8.10)	-0.0129 * (-1.82)
Lev	-0.0047 *** (-6.41)	0.0488 ** (2.48)
TOP1	0.003 *** (8.14)	-0.0003 (-1.34)
Soe	-0.0107 *** (-7.54)	-0.0328 *** (-4.27)
Size	0.0036 *** (8.14)	-0.112 *** (-32.80)
Age	-0.0008 *** (-7.26)	0.0032 *** (5.63)
Gua	-0.0054 *** (-8.47)	-0.0133 *** (-3.54)

续表

变量	ROA	Tobin's Q
cons	− 0.0536 *** (4.61)	3.920 *** (59.84)
year	控制	控制
Industry	控制	控制
N	10545	6486
Adj R2	0.0792	0.3214
F	28.20	119.96

注：括号中数值为 t 值，*** 、** 和 * 分别代表 1%、5% 和 10% 水平上显著。

第五节

本章小结

　　本章基于社会网络嵌入视角研究了僵尸企业风险在担保网络中的溢出，并探讨了风险溢出机制和制度诱因。担保网络将多个企业绑定在同一网络结构中，担保关系构成风险溢出的路径，导致风险沿着担保链条进一步传染和扩散，甚至导致网络的崩溃。

　　本章通过实证方法证明了加入僵尸企业担保网络会对企业价值造成负面影响。当担保网络内的僵尸企业遭受巨大冲击时，为其提供担保的企业将随之承担担保损失，从而增加担保企业的财务风险，同时也会对企业的盈利能力产生影响，降低企业价值。在市场资源量既定的情况下，由于僵尸企业以较低的利率占据了过多的信贷资源，造成信贷扭曲，与此同时也必然会挤占正常企业应有的融资（Hoshi and Kashyap，2011；谭语嫣等，2017），进而加重正常企业的融资成本，进一步加剧信贷扭曲；而相较于未处于僵尸企业担保网络中的企业，处于担保网络中的企业信贷扭曲程度更为严重。

　　既然加入僵尸企业担保网络的负面效应得到了证实，为何仍有大量企业与僵尸企业发生担保关系，最终形成以僵尸企业为中心的担保网络，其中的原因值得进一步研究。按照西方经典理论，信用担保能够通过利用担保人的信息优势，解决信贷合约中的信息问题，从而提高资源配置效率。然而对于一些地方政府而言，出于政绩等一系列原因的考量往往选择人为干预企业贷款的担保行为，鼓励为僵尸企业提供担保，这意味着政府的干预程度越高，企业参与僵尸企业担保网络的可能性越高。另外，在金融市场化改革相对滞后的情况下，银行分支机构面对业绩压力，为了达到短期业绩考核的目标，往往存在发放过量信用担保贷款的动机，这意味着金融市场化水平越低，企业参与僵尸企业担保网络的可能性越高。

| 第八章 |

僵尸企业信贷关系网络风险溢出的
动态仿真

第一节
动态风险理论及仿真过程

　　网络组织是一个相当复杂的、对风险极其敏感的系统，流动的风险会沿着网络组织向外辐射，并且在传导中往往伴随着耦合效应，本书把这个过程称为风险的动态溢出过程。这种风险与静态风险的区别在于，风险并非一经发生就开始传导，当网络中的某个企业遭到不确定性冲击时，首先会在企业内部积累，如果能够被企业所防范和化解，那么将不再向外溢出；只有当累积的风险超过企业承受能力时才会开始向外溢出，实现从静态风险向动态风险的转化。

一、风险依赖机制

风险依赖是指受到相关联主体的风险影响的过程，风险依赖的产生是由于关系链条的存在。艾伦和盖尔（Allen & Gale，2000）、夏因（Shin，2008）等在一系列有关风险传染的研究文献中指出，经济网络中的一个机构的财务健康状况既会对网络内其他企业产生影响，又受到网络内与之相关联的其他机构的财务状况的影响，并且影响的大小与这两个机构在网络中所处的位置密切相关。风险依赖是关系网络的重要特征。例如，企业 A 将部分资金借贷给了僵尸企业 Z，僵尸企业 Z 的财务困境表明其根本没有偿还债务的可能性，因此 A 企业借贷给僵尸企业 Z 的那部分资金将无法收回，成为坏账，对 A 的财务状况产生了影响，情况严重时也可能使 A 陷入困境甚至破产。在现实生活中，企业间的关联除了资金借贷以外还会以多种形式存在，如股权投资、信贷担保、委托贷款等，在本书的研究中主要考虑企业间的担保关系。此外，企业与银行之间也存在风险依赖，并且企业和银行间的依赖形式往往是双向的，也就是说企业 A 的财务状况会影响银行 B 的财务健康，而银行 B 的财务状况反过来又会对企业 A 的信贷产生影响。但是由于本书的研究主题是僵尸企业对银行的风险溢出，故而并未考虑反向的银行对企业的风险溢出。

二、风险传递机制

风险的传递是指风险在关联主体间转移的过程。风险依赖机制是风险传递机制的必要条件，是风险传递的路径关系构成的链条，如担保网络内担保关系链条。企业在受到外部冲击发生损失后，可以将其部分损失通过关系网络转移给关联伙伴，从而将风险分散开来，实现自身风险的分担，提高应对风险的能力。假设企业 A 在网络中拥有 D 条关系链条，网络中的其他企业风险均为 0，那么当企业 A 发生风险 a 时，它可以将风险分散成 a/D 份。可以看出，分母 D 越大，也就是企业在网络中拥有的关系链条越多，每个企业需要承担的风险也就越小，那么风险分散效果也就越好。以往文献对企业关系网络中这种风险分散和分担效应的研究较多。但是前提是风险在这个过程中没有被扩大，也就是说 A 企业的风险损失只会传递而不会增值，整个网络的风险大小还是 a，没有在传递的过程中衍生出新的风险。因此，如果企业 A 面临的是破产风险，那么可以通过风险传递机制将其分散转移，企业 A 的破产压力得到缓解，并且整个网络内企业应对风险的能力都有所提升，网络的稳定性也随之提高。然而对于僵尸企业来说，风险传递转移没有这样简单。由于僵尸企业是一种陷入经营困境、内部平衡已经被打破的特殊群体，牵涉的利益主体较多，往往会产生"牵一发而动全身"的风险增值和扩大。

三、风险加速机制

风险加速是指风险在传递过程中速度和大小不断发生变化的过程。假设网络中某个僵尸企业的风险为 1 个单位，其他企业的风险为 0，此时整个网络的风险总和也等于 1 个单位，经过风险加速机制的传导后，整个网络的风险总和将大于 1，其作用机制是强耦合效应和风险正反馈效应，并且通常是通过网络中的闭合回路发挥作用。仍然以僵尸企业 Z 为例，当它的风险爆发后会影响为它提供担保的企业 A 和银行 B 的财务状况。同时由于僵尸企业 Z 发生违约，B 银行出于自身目的仍然给 Z 提供贷款，但为了信贷安全也会把 A 企业列入观察名单并采取相应的措施，从而也会恶化 A 企业的信贷环境和财务状况。在整个过程中 B 银行不仅要承担由僵尸企业 Z 带来的损失，而且 A 企业在僵尸企业 Z 的拖累下也可能发生违约，这个违约风险也要由银行 B 来承担。若 A 企业也陷入财务困境甚至破产，那么风险加速效应将被更加明显地体现出来。莫里斯和夏因（Morris & Shin，2008）对信贷网络的风险加速机制进行了研究。当一个企业遭遇风险损失后，企业的债权人为了防止出现更多损失，将要求其清偿部分债务，企业为了保持流动性，不得不对一些资产和产品进行廉价处理。而这种廉价出售的行为将可能加快其资产贬值速度，在不经意间提高了企业的负债率，这又会导致其面临更多的清偿要求，企业财务状况进一步恶化。伯南克等（Bernanke et al.，1998）则指出了另一种风险加速的情形。如果企业 A 在 T 时间遭受风险损失，那么在 T + 1 时期，为其提供借款的债权人与商业伙伴将提出更加严苛的借款和合作条件以保障自身的利益。这些更加严苛的条件将再次恶化企业 A 的经营状况，对其再次造成打击。也就是说，一个企业当前的财务境况会受到它的历史财务健康程度的影响，因此财务健康程度的变动具有顺周期性，僵尸企业本就财务困难，在这种情况下甚至会每况愈下。同时，僵尸企业 Z 在 T 时期的财务困境通过担保关系网络传递到其他关联企业之后，会使其他企业的财务状况随之发生恶化，这又将反过来在 T + 1 或者更长的一段时期内恶化僵尸企业 Z 的财务困境，说明了正反馈机制的存在。如果说风险传递机制使得个体风险转移到网络的其他位置，实现空间上的风险扩散，那么风险正反馈机制还会在时间上实现风险的扩散，形成与风险企业同方向的状况变动。因此，我们在提到僵尸企业风险时已经暗含的一个条件是：僵尸企业的风险累积超过其承受阈值并向外动态传导，并且往往伴随着风险加速。

四、动态仿真步骤

当僵尸企业受到某个外部冲击（如强制清理）时，将实现风险从静态到动态的转变，风险开始沿着信贷网络不断溢出，最终到达银行这个风险溢出对象。一旦风险累积超过银行的承受范围，将导致系统性风险的发生。为了得到僵尸企业对银行风险溢出的阈值，本章构建了僵尸企业信贷网络风险溢出的动态仿真模型，该网络模型包括了僵尸银企信贷网络和信贷担保网络。具体来说仿真通过以下步骤实现。

第一，计算银行的贷款损失容忍度。在对僵尸企业进行处置的过程中，如果直接关停僵尸企业，此前僵尸企业在银行被掩盖的不良债务将直接变成银行的坏账。因此，可以通过对银行不良贷款增长空间的计算，得到处置僵尸企业所带来损失的银行容忍度。

第二，通过 KMV 模型计算僵尸企业的动态违约风险，也就是僵尸企业直接为银行带来多大的损失。

第三，根据用 KMV 模型计算出的违约概率构建网络内节点的财务健康指标，同时结合僵尸企业担保网络内节点的度数中心度以及企业的资产负债率计算网络内节点的抗风险载荷，并模拟僵尸企业破产或被清理时对网络内其他节点造成的影响，也就是僵尸企业间接为银行带来多大的损失，从而得到总的风险溢出大小。

第四，根据模拟的风险溢出大小与银行损失容忍度进行比较，最终得到银行引发系统性风险的阈值。

第二节
银行损失容忍度测算

在整个由僵尸企业、担保企业和银行构成的网络中，本书已经对僵尸企业风险通过银企信贷网络直接溢出至银行以及通过信贷担保网络间接溢出至银行两条路径进行了检验。在研究动态模拟风险是如何通过这两条路径最终溢出至银行前，有必要先对银行的损失容忍度进行测算，即风险溢出并积累到何种程度时，会超过银行自身的承受范围并存在引发系统性风险的可能。

一、银行的资本构成

僵尸企业之所以难以恢复正常，除了自身的经营问题外，在很大程度上是由于债务水平过高从而导致利息负担较重，企业现金流时刻处于高度紧张状态。因此债务问题得不到解决，僵尸企业也就很难恢复正常。这就意味着大力处置僵尸企业必须承担一定的债务损失。鉴于僵尸企业的主要债权人是银行，因此企业无论是重组还是破产，债权人都会遭受一定规模的损失。为了更清楚地理解银行的动机，首先对银行的资本构成进行简单的介绍。

《巴塞尔协议》是全球范围内的银行资本和风险监管标准，由巴塞尔委员会所制定。该委员会致力于研究资本充足性，由它公布的准则、规定的资本要求被称为以风险为基础的资本要求。巴塞尔委员会制定了一系列规则，从 1988 年的《巴塞尔协议Ⅰ》[①] 到 2004 年的《巴Ⅱ》，再到 2010 年的第三版《巴Ⅲ》，是一个逐步演进的过程。巴塞尔协议提供了一个银行统一监管的规则，成为维护全球金融稳定的一个基本准则，其核心内容就是银行必须保持充分的资本，衡量方法就是资本充足率。从《巴Ⅰ》到《巴Ⅲ》，资本充足率的衡量公式也在不断变化。

《巴Ⅲ》将资本定义由原来的三级资本修改成一级资本和二级资本，并强调对流动性风险的监管。其中，一级资本是银行的权益和储备，包括盈余公积等；二级资本也称为附属资本，包括坏账准备等。资本充足率代表了银行对负债的最后偿债能力和抵抗风险的能力，《巴Ⅲ》中关于资本充足率的计算公式如下：

$$资本充足率 = \frac{资本 - 扣除项}{信用风险加权资产 + 12.5 \times 市场风险资本 + 12.5}$$
$$\times 操作风险资本 + 2.5\% 留存资本缓冲$$
$$+ 0 \sim 2.5\% 逆周期资本缓冲 + 系统重要性附加资本$$

因此，从银行的角度来看，银行之所以持续不断地放贷给僵尸企业，就是为了避免增加作为扣除项的坏账损失，使银行的资本充足率符合要求（Caballero et al.，2008；Fukuda et al.，2006；Hoshi & Kashyap，2010）。在对日本僵尸企业进行的研究中，卡巴列罗等（Caballero et al.，2008）发现在日本银行业制度下，僵尸企业贷款原属于"风险"类贷款，如果持续向其提供贷款的话，可以改变僵尸企业贷款的类别，转化为"特别关注类"，以此来降低银行的坏账损失准备。同样，我国贷款分类标准[②] 将贷款分为了五个级别，其中后三个"次级类""可疑类""损失类"[③]

① 《第一版巴塞尔协议》，全称《关于统一国际银行资本衡量和资本标准的协议》，简称为《巴Ⅰ》，《第二版巴塞尔协议》简称为《巴Ⅱ》，《第三版巴塞尔协议》简称为《巴Ⅲ》。
② 人民银行发布的《贷款统计分类及编码标准（试行）》，http://www.pbc.gov.cn/goutongjiaoliu/113456/113469/2845639/index.html。
③ "次级类"贷款指借款人的还款能力出现明显问题，完全依靠其正常营业收入无法足额偿还贷款本息，即使执行担保，也可能会造成一定损失的贷款。"可疑类"贷款指借款人无法足额偿还贷款本息，即使执行担保，也肯定要造成较大损失的贷款。"损失类"贷款指在采取所有可能的措施或一切必要的法律程序之后，本息仍然无法收回，或只能收回极少部分的贷款。

构成了不良贷款。如果持续为僵尸企业提供贷款，使其能够通过"借新还旧"来实现还本付息，可以使其从"损失类"转化为"关注类"①，甚至有可能变成"正常类"（刘奎甫，2016），那么银行为其计提的坏账损失也将从100%下降到2%②，从而达到掩盖银行不良贷款的目的。

二、银行的损失容忍度

在了解银行的资本构成和为僵尸企业持续放贷的动机之后，就可以通过对我国银行的不良贷款现状进行分析得到银行业的潜在坏账损失容忍度。由于本应被100%计提坏账损失的僵尸企业贷款在银行持续放贷的掩盖下，变成了仅计提2%坏账损失的关注类贷款，掩盖了其不良贷款的本质，也就是说，在银行所统计的不良贷款余额中，并未包含本应列入其中的僵尸企业贷款。在对僵尸企业进行处置的过程中，如果直接关停僵尸企业，此前僵尸企业在银行的债务将直接变成银行的呆账。因此，可以通过对银行不良贷款增长空间的计算，得到处置僵尸企业所带来损失的银行容忍度。

图8-1给出了2009~2018年全国商业银行不良贷款的余额，图8-2给出了2009~2018年全国商业银行的不良贷款率。从商业银行总的不良贷款余额及其比例可以看出，尽管当前商业银行总的不良贷款率大致维持在1%~2%，构成不良贷款的三类贷款，即次级类、可疑类和损失类的不良贷款比例也只有小幅上涨，但由于信贷规模的大幅扩张，这种小幅度上涨也会导致不良贷款总量上涨幅度的大幅扩张。可以看到不良贷款余额呈上升趋势，从2009年的4973.3亿元增加到2018年的20254亿元。

根据上市商业银行的不良贷款率和各银行的贷款总额，我们能够得到这些上市商业银行的不良贷款数额，如表8-1所示。当前中国商业银行不良贷款率上限规定为5%，从表中可以看出，尽管从当前情况来看商业银行的不良贷款率离临界值5%还有一定的距离，但是潜在的、数额巨大

---

① "关注类"贷款指借款人目前有能力偿还贷款本息，但存在一些可能对偿还产生不利影响的因素的贷款。

② 根据中国人民银行2002年颁布的《贷款损失准备计提指引》，"正常类"贷款不需要计提专项坏账损失准备，"关注类"贷款计提2%损失准备，"次级类"贷款计提25%损失准备，"可疑类"贷款计提50%损失准备，"损失类"贷款计提100%损失准备。

的僵尸企业贷款并未包含在其中，如果不及时采取有效的措施处理，最终可能引发风险的全面爆发，侵蚀商业银行的整个资本构成，并且其危害程度难以估量。

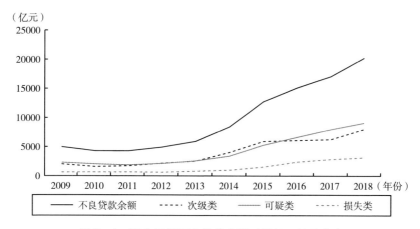

图 8－1　商业银行不良贷款余额（2009～2018 年）

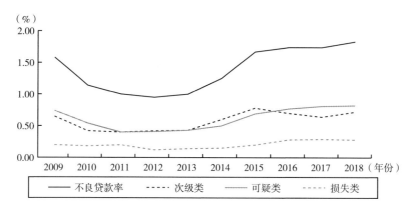

图 8－2　商业银行不良贷款率（2009～2018 年）

表 8－1　　　　　　　我国上市商业银行的不良贷款额（2017 年）

银行名称	贷款总额（亿元）	不良贷款率（%）	不良贷款余额（亿元）
ZGYH	106443.04	1.45	1543.42
JSYH	125744.73	1.49	1873.60
GSYH	138929.66	1.55	2153.41
NYYH	103163.11	1.81	1867.25

银行名称	贷款总额 （亿元）	不良贷款率 （%）	不良贷款余额 （亿元）
XYYH	23488.31	1.59	373.46
JTYH	43544.99	1.5	653.17
PFYH	31038.53	2.14	664.22
PAYH	16604.20	1.7	282.27
MSYH	27297.88	1.71	466.79
ZSYH	34146.12	1.61	549.75
ZXYH	31059.84	1.68	521.81
GDYH	19808.18	1.59	314.95
HXYH	13555.85	1.76	238.58
BJYH	10390.23	1.24	128.84
SHYH	6431.91	1.15	73.97
NJYH	3734.80	0.86	32.12
CDYH	1435.89	1.69	24.27
NBYH	3321.99	0.82	27.24
ZJGYH	474.92	1.78	8.45
WXNSH	643.09	1.38	8.87
HZYH	2742.97	1.59	43.61
GYYH	1209.79	1.34	16.21
WJNSH	474.63	1.64	7.78
JSYH	7278.44	1.41	102.63
JYYH	532.85	2.39	12.74
CSYH	749.19	1.14	8.54

资料来源：笔者整理。

　　根据监管机构的规定，当前商业银行的不良贷款率上限为5%，那么可以根据现有的不良贷款率大致测算出上述银行还能够容忍的不良贷款剩余空间，也就是在一定程度上计算出当前各商业银行距离出现危机的空间还有多少。

　　从表8-2的数据来看，2017年我国商业银行中上市银行能够继续承受的不良贷款总额约为25714.28亿元。具体来看，相对于中小型的商业

银行而言，国有四大商业银行的可承受不良贷款空间要大一些，其中
ZGYH 可承受的不良贷款率居第一位，为 3.55%，还可承受的不良贷款额
度为 3778.73 亿元。但是从可承受不良贷款余额来看，GSYH 可承受的不
良贷款额度最大，为 4793.07 亿元。此外，根据所公布银行资产负债的数
据大致测算了其他非上市银行的不良贷款增长空间，得到我国银行业总体
不良贷款额度的增长空间约为 31367.22 亿元。

表 8 – 2　　　　我国上市商业银行不良贷款率和不良贷款额度的
增长空间（2017 年）

银行名称	不良贷款率的增长空间（%）	不良贷款额度的增长空间（亿元）
ZGYH	3.55	3778.73
JSYH	3.51	4413.64
GSYH	3.45	4793.07
NYYH	3.19	3290.90
XYYH	3.41	800.95
JTYH	3.5	1524.07
PFYH	2.86	887.70
PAYH	3.3	547.94
MSYH	3.29	898.10
ZSYH	3.39	1157.55
ZXYH	3.32	1031.19
GDYH	3.41	675.46
HXYH	3.24	439.21
BJYH	3.76	390.67
SHYH	3.85	247.63
NJYH	4.14	154.62
CDYH	3.31	47.53
NBYH	4.18	138.86
ZJGYH	3.22	15.29
WXNSH	3.62	23.28
HZYH	3.41	93.54
GYYH	3.66	44.28

银行名称	不良贷款率的增长空间 （％）	不良贷款额度的增长空间 （亿元）
WJNSH	3.36	15.95
JSYH	3.59	261.30
JYYH	2.61	13.91
CSYH	3.86	28.92
合计（上述表格部分）		25714.28
总计		31367.22

资料来源：笔者整理。

第三节

采用 KMV 模型动态求解僵尸企业违约风险

在得到银行的损失容忍度之后，对僵尸企业直接通过银企信贷网络和间接通过担保网络对银行的风险溢出进行动态模拟，可以得到总的以僵尸企业为中心的信贷关系网络的风险损失。通过比对风险损失和银行损失容忍度，可以得到信贷网络风险爆发后引发系统风险的阈值。

一、理论模型设定

为了模拟僵尸企业违约后的动态风险溢出过程，本节首先对僵尸企业的违约风险进行估计，估计方法是利用 KMV 模型①。该模型主要是用来估计借款企业的违约概率，估计方法是比较企业现有债务和资产价值，由此找到企业的违约点和违约距离。该模型的一个关键就是对企业资产价值的估计，因此假设企业的资产价值与股价存在相关关系，并通过股价及股

———————————

① 该模型由美国 KMV 公司创立，模型的命名取自其三个创立者的名字首字母：Kealhofer，Mc Quown 和 Vasicek。

价波动来估计资产价值及其波动。

KMV 模型是基于 Merton 模型演变发展而来的，默顿（Merton）认为企业会发生违约是由于资产价值下降到某个临界值以下。斯科尔斯（Scholes，1973）在论文中推导出了没有红利支付的股票的任何一种衍生证券的价格所必须满足的微分方程，并利用该微分方程成功地推导出股票的欧式看跌期权和看涨期权的价值。此后，默顿把人们对期权的理解从股权期权、指数期权等证券的衍生品拓展到企业本身层面，应用期权的思想来分析公司债务的违约风险，并提出了或有要求权。这与 MM 理论中提出的优先求偿权与后偿权的期权本质遥相呼应。Merton 模型认为当企业的资产价值下降到某个临界值以下就会发生违约，这个边界一般被称为企业的违约边界或破产边界，因此企业债务的违约风险就可以用企业资产价值下降到违约边界以下的概率来度量。KMV 模型是对 Merton 模型的进一步拓展，能够实时地预测所有上市公司的违约概率，已经在金融领域被广泛应用。

（一）模型的设定

KMV 模型是站在借款企业的股权所有者角度，把公司股权价值当作是一种看涨期权，该看涨期权的执行价格为企业债务价值，标的物为企业资产价值。如果企业期末的资产市场价值为 A，企业发生的借款数额为 B，当 A＞B 时，企业会按期偿还借款，企业资产的剩余价值 A－B 被股权持有者所拥有，当借款到期时，A 越大，获得的企业资产剩余价值就越大；当 A 减少至小于 B 时无法偿还借款。但是不管企业资产减至多少，股权所有者的损失不会超过其原始投入，因为他们对债务只承担"有限责任"。根据期权定价模式得：

$$V_E = V_A N(d_1) - De^{-rt} N(d_2) \qquad (8.1)$$

其中：

$$d_1 = \left[\ln\left(\frac{V_A}{D}\right) + \left(r + \frac{1}{2}\sigma_A^2\right)T \right] / (\sigma_A \sqrt{T}) \qquad (8.2)$$

$$d_2 = d_1 - (\sigma_A \sqrt{t}) \qquad (8.3)$$

其中，V_E 表示企业股票市场价值，D 表示企业的债务面值，V_A 表示企业资产市场价值，T 表示企业债务期限，σ_A 表示企业资产收益变动率，r 表示无风险利率，$N(\cdot)$ 表示标准正态分布变量的累积分布函数。上述公式中 V_E、D、T、r 可以从市场中获得，而企业资产市场价值 V_A 和资产收益变动率 σ_A 无法直接获得，需要通过股票收益率 σ_E 进一步换算得到。而 σ_E 可以通过公式计算：

$$\sigma_E = \sigma_Z / \sqrt{t} \tag{8.4}$$

$$同时：\sigma_Z = \sqrt{\frac{1}{n-1}\sum_{i=1}^{n} u_i^2 - \frac{1}{n(n-1)}\left(\sum_{i=1}^{n} u_i^2\right)^2}, \quad u_i = \ln\left(\frac{p_i}{p_{i-1}}\right)$$

其中，σ_Z 是以上市公司周股票收盘价计算的周收益率波动，p_i 为上市公司第 i 周的最后一个交易日股票收盘价格。求解出企业股票收益波动率 σ_E 后，资产收益变动率 σ_A 与之相关，换算公式为：

$$\sigma_E = (V_A/V_E) \cdot (\mathrm{d}V_E/\mathrm{d}V_A) \cdot \sigma_A \tag{8.5}$$

而 $\mathrm{d}V_E/\mathrm{d}V_A$ 的边际变化值就是 $N(d_1)$，即：

$$\mathrm{d}V_E/\mathrm{d}V_A = N(d_1) \tag{8.6}$$

由式（8.5）、式（8.6）可得：

$$\sigma_E = (V_A/V_E) \cdot N(d_1) \cdot \sigma_A \tag{8.7}$$

联立式（8.1）、式（8.2）、式（8.3）、式（8.7），通过已知变量和可迭代求解出两个未知变量 σ_A 和 V_A。

（二）违约点和违约距离

在求解出了未知变量后，KMV 模型对违约距离（DD）和违约点（DPT）作出了定义，违约点是指企业资产价值刚好等于其债务的点，可以根据企业资产负债表中披露的短期负债 STD 和长期负债 LTD 来计算。KMV 公司经过对违约事件大样本的分析发现，违约的临界点一般处于短期负债和 1/2 长期负债的和附近。相应地，违约距离就是资产价值与违约点距离的标准差。

$$DPT = STD + 1/2LTD \qquad (8.8)$$

因此，违约距离 DD 表示为：

$$DD = \frac{V_A - DPT}{V_A \cdot \sigma_A} \qquad (8.9)$$

违约距离越大，表明该企业到期偿还债务的可能性越高，违约风险越低。从式（8.9）可以看出违约距离是一个相对距离的概念，已经是对其进行标准化之后的结果，因此可以用来比较不同企业的信用状况。同时，在违约距离计算过程中所使用的股价和财务信息可以随时更新。

（三）违约概率

违约概率就是企业违约距离的期望违约频率（Expected Default Frequency，EDF）。假定企业资产价值服从正态分布或对数正态分布，可以通过以下公式计算出理论的期望违约概率：

$$EDF = P(E(V_1) < DPT) = N\left(\frac{DPT - E(V_E)}{E(V_A) \cdot \sigma_A}\right) = N(-DD) \qquad (8.10)$$

现实中企业资产价值服从正态分布的假设可能无法满足，KMV 公司利用大量违约企业的样本数据，将其拟合成违约距离的期望违约距离之间函数关系的光滑曲线，从而可以实现将违约距离与违约概率相映射，形成对应关系。

二、模型参数和改进

根据 KMV 模型的公式，其中 7 个参数需要预先设定和计算，即可从上市公司公开披露信息中获得的股票市场价值 V_E、股票收益变动率 σ_E、企业债务面值 D、债务期限 t、无风险利率 r，以及进一步换算得到的企业资产市场价值 V_A 和资产收益变动率 σ_A。

（1）股票市场价值 V_E 的计算。由于 KMV 模型诞生于西方市场经济体制的背景下，而我国上市公司的股权结构中还包括一定的非流动股，因此也要对 KMV 模型进行相应的修正，对这一部分非流通股进行定价。国内学者的处理方式各有不同，包括采用每股净资产和建立回归方程。本书取前者对其进行估算，估算公式如下：

$$股票市场价值 = 流通股市值 + 非流通股市值$$
$$= 年平均收盘价 \times 流通股股数$$
$$+ 每股净资产 \times 非流通股股数 \qquad (8.11)$$

（2）股票收益变动率 σ_E 的计算。对 σ_E 的估计同样有两种方法：一种是采用股票历史价格的方法，即历史波动率法；另一种是考察方差时间易变性的 GARCH 模型。本书利用公式（8.4）即历史波动率法对其进行计算，假设一年的股票交易天数为 250 天，将通过股票周收盘价计算的周波动率 σ_Z 转化为年波动率 σ_E，即：

$$\sigma_E = \frac{\sigma_Z}{\sqrt{t}} = \frac{\sigma_Z}{\sqrt{5/250}} = \sigma_Z \sqrt{50} \qquad (8.12)$$

（3）违约点 DPT 的估算。根据 KMV 公司的研究，相对于短期负债，长期负债往往更能给公司更多的时间进行改善而不至于发生违约，偿债压力相对小一点。因此 KMV 公司通过对大量违约事件的分析，将违约触发点设定在短期负债和 50% 长期负债之和处。由于该结论是建立在美国企业的市场环境和企业特征基础上，可能与中国上市公司特征并不相符，再加上僵尸企业的特殊性，需要对违约点参数进行重新设定：

$$DPT = STD + \text{X} \times LTD \qquad (8.13)$$

其中，X 表示长期负债的影响系数。为进一步探索僵尸企业的长期负债影响系数，本书基于 KMV 公司将 X 设定为 0.5 的经验，以 0.5 为起点，按照 0.1 的取值步长对长期负债影响系数进行修正，并与 0.5 的影响系数进行 DD 比较，实现对违约触发点的动态估计。

（4）债务期限 T 和无风险利率 r。一般将债务期限设定为 1 年，无风险利率设定为人民银行公布的一年期整存整取利率。

（5）企业资产市场价值 V_A 和资产收益变动率 σ_A。根据前面模型的解释说明，这两项未知求解变量需要联立方程组解出，通过联立式（8.1）、式（8.2）、式（8.3）、式（8.7），本书采用 MATLAB 软件编程求解非线性方程组，求出 V_A 和 σ_A。

最后将求解的企业资产市场价值 V_A 和资产收益变动率 σ_A 代入式（8.9）和式（8.10），可以计算出每一家僵尸企业的违约距离和违约概率。

三、数据收集和模型求解

（一）样本选取和数据来源

我们首先在 2017 年僵尸企业样本中选取新被认定的僵尸企业 40 家，即这些企业在 2016 年没有被认定为僵尸企业。同时按 1∶1 的比例选取在 2009～2017 年均未被认定为僵尸的企业 40 家作为配对样本。为了保证僵尸企业与非僵尸企业的分布特征相对应，非僵尸企业的随机抽取考虑了僵尸企业的行业分布①。数据起止时间为 2017 年 1 月 1 日至 2017 年 12 月 31 日。上市公司数据来自 RESSET 锐思数据库和 CCER 中国经济金融数据库。

（二）模型求解

根据 KMV 模型的计算步骤，首先根据已知变量求解企业资产市场价值 V_A 和资产收益变动率 σ_A，其次计算违约点和违约距离，最后对违约概率进行估算。具体计算步骤如下：（1）通过查找 2017 年全年 80 家沪深两市上市公司股票交易数据，计算股票价值波动率 σ_E；（2）利用样本公司的股本数据，计算股票价值 V_E；（3）计算 V_A 和 σ_A；（4）时间跨度为 1 年，利用 0.1 的步长，进行 8 次正负测试，对违约点 DPT 和违约距离 DD 进行估算，求解一年期的最优违约距离，如表 8 - 3 所示；（5）估算违约概率。

---

① 主要选取《上市公司行业分类指引（2012 年修订）》中 C 大类制造业及 D 大类电力、热力、燃气、水生产及供应类。

表 8 – 3 动态违约距离估计结果

项目		X								
		0.10	0.20	0.30	0.40	0.50	0.60	0.70	0.80	0.90
均值	非僵尸企业	2.786	2.785	2.785	2.784	2.783	2.782	2.780	2.780	2.779
	僵尸企业	2.098	2.065	2.031	1.997	1.964	1.931	1.897	1.864	1.830
标准差	非僵尸企业	0.884	0.884	0.884	0.883	0.883	0.882	0.882	0.882	0.881
	僵尸企业	0.682	1.837	0.754	0.803	0.860	0.922	0.989	1.060	1.133
配对 T 检验		3.879 (0.00)	3.99 (0.00)	4.081 (0.00)	4.140 (0.00)	4.175 (0.00)	4.189 (0.00)	4.187 (0.00)	4.171 (0.00)	4.145 (0.00)
均值差		0.688	0.720	0.754	0.786	0.819	0.851	0.883	0.916	0.949

由表 8 – 3 可知，僵尸企业的违约距离小于非僵尸企业，从 X = 0.1 到 X = 0.9 的长期负债系数的变化中，非僵尸企业和僵尸企业的均值差均为正，说明非僵尸企业的违约距离大，违约风险小；且二者的均值差随着 X 的增加而增加，当 X = 0.9 时均值差最大，说明此时两类企业的违约差异最大，即此时 KMV 模型有效性最强，也符合僵尸企业长期借款比重大于非僵尸企业的实际，因此在计算僵尸企业违约风险时长期借款的影响系数取 0.9，并以此计算预期违约概率。为进一步说明，对非僵尸企业和僵尸企业违约距离进行配对 T 检验，P 值均小于 0.005，说明非僵尸企业和僵尸企业的违约距离是存在明显差异的。当 X = 0.9 时，全部样本的违约距离和违约概率如表 8 – 4 所示，受限于篇幅，本书仅列示违约概率排名分别为前十的僵尸企业（左三列）和非僵尸企业（右三列）的计算结果。

表 8 – 4　　　　部分僵尸企业（左三）和非僵尸企业（右三）

违约距离及概率

股票代码	违约距离 *DD*	预期违约概率 *EDF*（%）	股票代码	违约距离 *DD*	预期违约概率 *EDF*（%）
××1369	− 2.0615	98.04	××2002	0.9112	18.11
××0732	− 1.8142	96.52	××0966	1.0962	13.65
××0740	− 0.3721	64.51	××2715	1.6935	4.52
××2769	0.2026	41.97	××0333	1.8303	3.36
××2623	1.0589	14.48	××0960	1.9623	2.49
××0592	1.1669	12.16	××0293	2.0449	2.04
××2488	1.2667	10.26	××0519	2.0901	1.83
××2386	1.5242	6.37	××0295	2.1032	1.77
××2161	1.5504	6.05	××2533	2.1124	1.73
××2371	1.5574	5.97	××2054	2.1615	1.53

全体样本公司的违约概率 *EDF* 均值和标准差如表 8 – 5 所示，从中可知，僵尸企业的 *EDF* 均值大于非僵尸企业，僵尸企业的违约风险明显大于非僵尸企业，与实际情况相符。

表 8 – 5　　　　僵尸企业和非僵尸企业违约概率

变量	类别	样本数（N）	均值	标准误	标准差	t	Sig.（2 – tailed）
EDF	非僵尸企业	40	0.1013	0.0371	0.2346	2.2572	0.0134
	僵尸企业	40	0.1556	0.0057	0.0356		

第四节

僵尸企业信贷担保网络风险溢出动态模型

本小节对僵尸企业风险在以担保为关系链构成的担保网络内的溢出进

行动态模拟，并以 KMV 模型计算出的违约概率代表企业的风险程度，考察一个僵尸企业在多大程度上影响为其提供担保的企业，最终得到整个网络对银行的风险溢出大小。

一、网络模型设定

参照赫尔和怀特（Hull & White，2001）、巴蒂斯顿（Battiston，2009）及吴宝（2012）的做法，本节构建了一个僵尸企业融资的网络动态模型以便理解风险是如何从个体向网络中的其他企业溢出的。对于网络中的每一个节点，设置了一个用 KMV 模型违约概率计算的 $\beta_i = (1 - EDF)$ 用来表示该节点的健康程度，$\beta_i \in [0, 1]$，僵尸企业的违约概率明显大于非僵尸企业，同时由于成为僵尸企业的充分条件还包括政府或银行的支持，但是被僵尸企业传导风险的企业则不一定满足这个条件，因此当 $\beta_i = 0$ 时，表明风险的极端情况，即僵尸企业已经被清理或者受感染企业已经破产。同时，将模型的网络关系定义为矩阵 $W = [W_{ij}]$，W 为一个 $0 - 1$ 矩阵，$W_{ij} = 0$ 表示节点 i 与节点 j 不存在某种投资或信贷关系，而 $W_{ij} = 1$ 表示存在某种指向关系。同时用权重矩阵 $S = [S_{ij}]$ 表示节点 i 向节点 j 分散风险的比例分布，$S_{ij} \in [0, 1]$，且当 $W_{ij} = 1$ 时，$S_{ij} > 0$。权重矩阵的取值视为行随机向量矩阵，对于任一节点 i 都有 $\sum_j S_{ij} = 1$。假定与节点 i 相关联的节点有 D 个，那么 i 的风险可以分散给它的 D_i 个关联伙伴，此即其风险分散水平，故而可以用网络的度数中心度来表示网络中节点的风险分散水平。

对于网络内各节点的动态变化过程，模型采用随机微分方程 SDE 来进行描述。也就是说这一时期的财务健康指标 β_i 受到前一个时期随机实验结果的影响，即 t 时期 i 节点的 β_i 系数取决于 $t' = t - T$ 时期自身的 β_i 系数，同时方程中的漂移项包含了风险加速机制的内涵，用方程表示为：

$$d\beta_i = L(\beta(t), \beta(t')) dt + \sigma d\varepsilon_i \qquad (8.14)$$

其中，σ 表示节点 i 受到的个体风险冲击的方差，$d\varepsilon_i$ 表示个体风险的随机布朗运动过程。此外，担保关系网络中节点的资产价值受其关联节点的影响（Shin, 2008；Battiston, 2009），记C_{ij}为节点i持有的与节点j相关联的资产，如节点i用该部分资产为节点j提供抵押担保，那么该部分资产价值将取决于节点j的财务健康状况，假定直接与节点j的财务健康指标β_j相关，那么有$C_{ij} = C_{ij}^0 \times \beta_j$，其中$C_{ij}^0$表示该部分资产的账面价值。于是节点$i$在$t$时期的总资产就取决于$t-1$时期与之关联的其他节点财务状况：

$$C_i(t) = \sum_j C_{ij}(t-1) = C_i^0 \sum_j S_{ij}\beta_j(t-1) \tag{8.15}$$

进一步，假定在没有僵尸企业被清理或企业破产的情况下，僵尸企业与其他节点的财务健康指标是线性相关的关系，具体表示为：

$$\beta_i(t) = \sum_j S_{ij}\beta_j(t-1) + \sigma\varepsilon_j(t-1) \tag{8.16}$$

假定网络内所有节点的财务健康指标都遵循独立同分布的正态随机过程，当节点i遭受个体风险冲击时，自身只需要承担的风险损失比例为S_{ii}，其余部分将传递、转移至其他关联节点，同时当其关联节点j遭受风险冲击时，节点i也需要分担S_{ij}比例的风险损失，于是有：

$$\beta_i(t) - \beta_i(t-1) = \sum_j S_{ij}\beta_j(t-1) - \beta_i(t-1) + \sigma\sum_j S_{ij}\varepsilon_j(t-1) \tag{8.17}$$

将式（8.14）代入式（8.17），整理后可以得到：

$$d\beta_i = \left[\sum_j S_{ij}\beta_i(t) - \beta_i(t) + L(\beta(t),\beta(t')) \right]dt + \sigma\sum_j S_{ij}d\varepsilon_j \tag{8.18}$$

由于$d\varepsilon_j$为独立的随机布朗运动过程，其线性组合也必然是一个随机布朗运动过程，因此可以进一步将式（8.18）改写成：

$$d\beta_i = \left[\sum_j S_{ij}\beta_i(t) - \beta_i(t) + L(\beta(t),\beta(t')) \right]dt + \sigma d\tau_i \tag{8.19}$$

其中，$d\tau_i = \sum_j S_{ij}d\varepsilon_j$。

当节点的财务健康指标低于某个临界值时，僵尸企业被清理或受感染企业破产，此时节点的财务健康指标将被自动调整为0。

进一步假定网络内的财务健康指标能够在短时滞（$t' = t - \mathrm{d}t$）内调整完成，采用的调整机制如下：

$$L\big[\beta(t),\beta(t-\mathrm{d}t)\big] = \begin{cases} -\theta, & \text{当}\beta_j(t) - \beta_j(t-\mathrm{d}t) < -\in \dfrac{\sigma}{\sqrt{D}}\mathrm{d}t \\[2mm] 0, & \text{当}\beta_j(t) - \beta_j(t-\mathrm{d}t) \geqslant -\in \dfrac{\sigma}{\sqrt{D}}\mathrm{d}t \end{cases}$$

$$(8.20)$$

其中，θ 表示网络中企业对其邻居 j 财务健康指标下降的敏感程度，财务健康指标的正常随机波动幅度（$\in \dfrac{\sigma}{\sqrt{D}}$）在上述调整机制中是被允许的，调整机制只有在超过该范围时才会影响其他节点的健康，而 θ 表示其他节点对节点 j 的超范围变动的反应程度。

二、担保网络内的风险溢出

现有研究中对一家企业违约（或破产）时引起其他企业或机构违约（或破产）的关注较多，如艾森伯和诺亚（Eisenberg & Noe，2001）、巴蒂斯通等（Battiston et al.，2007），这种由个体到系统的风险演进现象也被称为"多米诺骨牌效应"。类似地，僵尸企业的清理或违约现象也是典型的高风险溢出过程，并且由于僵尸企业的资金占用量大，以及担保网络的存在，使得风险在传播过程中被不断加速和扩大，极其容易演进为系统性风险。因此，为了更加清楚地描述僵尸企业风险溢出过程的复杂性，我们结合财务健康指标的随机演进机制，对这种"多米诺骨牌"式风险溢出和较为平缓的风险溢出进行了区分。

为简化模型，假定网络中企业对僵尸企业的风险做出迅速回应，假定一家或几家僵尸企业违约或被强制破产，所有其他节点的连锁反应将在 $[t, t+\mathrm{d}t]$ 期间内完成，这个过程也是财务健康指标的递归调整过程。用一个离散变量 $\tau(\tau = 1, 2, \cdots, n_\tau)$ 来表示这个过程，节点在每一个时点的步长中都需要按照以下规则做一次更新：

$$\beta_i(\tau) = \beta_i(t) - \frac{a}{D}\sum_j S_{ij} w_j(\tau) \tag{8.21}$$

其中，参数 a 表示企业 j 给整个网络带来的损失程度，根据前面的模型假设，这些损失可以分摊到与 j 关联的其他节点，每个节点的分担比例为 $\frac{a}{D}$，其中 D 代表节点的度数中心度，$w_j(\tau)$ 是表明节点 j 是否被清理或破产的函数，其取值规则为：

$$w_j(\tau) = \begin{cases} 1, & \text{当 } \beta_i(\tau') < 0, \exists \tau' \leq \tau \\ 0, & \text{当 } \beta_i(\tau') \geq 0, \exists \tau' \leq \tau \end{cases} \tag{8.22}$$

该调整机制的实质就是网络内其他节点的财务健康指标随着某个节点的风险溢出而调整的过程，并且所有节点的财务健康指标在这一轮连锁反应结束之后都得到了更新，如果有新的企业破产或者僵尸企业被强制清算，随即开始下一轮连锁反应。循环计算过程的步长最多不超过 N − 1 步。

三、仿真模型的构建

（一）仿真环境的初始化

首先，设置僵尸企业担保网络进行动态模拟的初始环境。根据担保的关系矩阵 $[d_{ij}]_{N\times N}$ 确定了仿真模拟对象的网络结构，并且关系链的强度都被设置为 1，根据违约概率、资产负债率和节点中心度确定每个节点的财务健康指标，该指标在之后的仿真过程中表现为节点可以抵抗的最大风险载荷。

其次，设置两个空集 Z 和 S，S 表示受风险传染的企业集合，Z 代表被强制清理的僵尸企业或受感染而破产的企业集合。由于受风险溢出影响的企业在短时间内无法恢复，因此这两个集合遵循"只进不出"的原则，也就是说某个节点只要被判别并纳入 Z 或者 S 集合，那么在整个仿真过程中都属于 Z 或者 S 集合。

设置僵尸企业清理或企业破产的指示信号 α_i^k，其赋值遵循以下规则：

$$\alpha_i^k = \begin{cases} 1, & \text{在 } k-1 \text{ 阶段时节点 } i \text{ 已经被清理或破产} \\ 0, & \text{在 } k-1 \text{ 阶段时节点 } i \text{ 尚未被清理或破产} \end{cases}$$

其中，上标 k 代表在这个仿真循环中测算的风险溢出效应次数。如果 $\alpha_i^k = 1$，则将节点 i 在 k 阶段循环之前纳入集合 Z 中，否则不在 Z 集合中。在仿真测算开始前，令集合 Z 为空集，即全部节点的指示信号 $\alpha_i^0 = 0$，代表仿真测算前风险源还没有触发，风险溢出没有开始。

设置受到影响的溢出指示信号 β_i^k，它的赋值规则如下：

$$\beta_i^k = \begin{cases} 1, & \text{在 } k-1 \text{ 阶段时节点 } i \text{ 已经受到关联节点的风险溢出影响} \\ 0, & \text{在 } k-1 \text{ 阶段时节点 } i \text{ 尚未受到关联节点的风险溢出影响} \end{cases}$$

如果 $\beta_i^k = 1$，则将节点 i 在 k 阶段循环之前纳入集合 S 中，否则不在 S 集合中。在仿真测算开始前，令集合 S 为空集，即全部节点的指示信号 $\beta_i^0 = 0$，代表仿真测算前所有企业都没有受到风险感染。

（二）仿真模拟风险溢出机制

根据前面的分析，风险在网络中的溢出机制包括风险依赖、传递和加速机制。僵尸企业风险溢出仿真模型的建立就是依据动态理论模型，并将整个模拟过程设置为两个阶段：风险冲击和风险溢出。在风险冲击阶段（K = 0 阶段），要确定风险爆发的具体企业，模拟该企业风险爆发。风险溢出阶段则是风险传递和相互发生反应的过程。由于在仿真开始前就已经确定了担保网络的结构，并且将其中的关系强度均设置为 1，同时每个节点的抗风险载荷也已经通过计算得了出来，因此，只要爆发风险的僵尸企业名单被确定，后续风险溢出的结果也应该能够确定。仿真模拟的网络情景对风险溢出的路径进行了规范，在本节中就是僵尸企业担保网络的关系链路径，个体风险爆发后的风险传染和加速都只能沿着关系路径进行，网络模型的设置就已经将风险依赖和风险传递机制包含在了其中。同时，结合节点中心度、违约概率设置的抗风险载荷体现了这样一个规律：担保关系更多的僵尸企业将其风险分散至更多的企业，在整个网络内的影响面更广，而它自身则因为将风险向外分散，抗风险载荷更高。这不仅符合动态理论模型的设定，也符合风险在僵尸企业与担保企业之间溢出的实际情况。因此，仿真模型的环境设置本身就已经包含了多种风险溢出机制。

假定由外部金融机构对风险溢出进行监督，在这里即为银行。判断企业在风险溢出过程中是否发生了破产的标准是其净资产是否大于零，不符合这个标准的企业，即净资产小于或等于零，就会被判定为破产。

一旦企业 i 被认定为清理对象或者破产，将被纳入集合 Z，同时网络内所有与 i 企业相关联的企业都将受到一定程度的风险传染，并被纳入集合 S。在 K 阶段，对于没有被纳入 S 或 Z 集合的节点将执行以下判别，即对于 $i \notin (S \cup Z)$，有：

$$\beta_i^k = \begin{cases} 1, & \text{若} \sum_{j \in Z} (d_{ji} + d_{ij}) > 0 \\ 0, & \text{若} \sum_{j \in Z} (d_{ji} + d_{ij}) = 0 \end{cases}$$

银行为了自身的安全，将临时冻结感染集合中企业的资产，但不会冻结其所有资产。为了便于操作，将规则简化为对感染计提风险损失，暂时性的损失部分是集合中企业自身的股权（或债权）价值。这是金融机构在破产企业引发风险溢出后所采取的一种恐慌性收缩行为，这种现象在现实生活中有很多例证。这类临时性的风险计提虽然被简化了，但还是能准确地描述企业间风险溢出的加速机制。于是在 K 阶段 i 企业是否会破产将遵循以下判别规则：

$$\alpha_i^k = \begin{cases} 1, & \text{若} \sum_{j \in Z} d_{ij} + \sum_{j \in S} d_{ji} \geqslant U_i \\ 0, & \text{若} \sum_{j \in Z} d_{ij} + \sum_{j \in S} d_{ji} < U_i \end{cases}$$

值得注意的是，由于设定了"只进不出"规则，Z 集合里的元素也将是 S 集合的元素，$\sum_{j \in Z} d_{ij} + \sum_{j \in S} d_{ji}$ 表示企业 i 在风险溢出过程中所遭受的净资产损失，而 U_i 则代表节点 i 的抗风险能力。如果企业受风险传染的损失大于或等于 U_i，则该企业将破产并被纳入集合 Z 中。上述模拟过程将多次循环使用。

四、仿真测算程序

根据上述仿真机理，僵尸企业风险传染效应的仿真测算程序具体步骤如下。

（1）令 $Z = \emptyset$，$S = \emptyset$；对于任何节点 i，都令 $\alpha_i^0 = 0$，$\beta_i^0 = 0$。输入僵尸企业担保网络关系矩阵 $[d_{ij}]_{N \times N}$，该矩阵为僵尸企业及其关联企业构成的 1 - 模矩阵，行和列元素相同。输入由违约概率计算的财务健康指标、节点中心度和企业净资产价值（这里用资产负债率代替）确定的节点抗风险载荷。令仿真状态 $K = 0$，选取节点集 $L = 1$ 表示受到外部冲击的节点。

（2）令 $\alpha_L^0 = 1$，将 L 列入集合 Z 中。设置 $N_Z^0 = \sum_1^N \alpha_i^0$，表示 Z 集合的元素数量。设置 $N_S^0 = \sum_1^N \beta_i^0$，表示 S 集合的元素数量。

（3）$K = K + 1$。

（4）更新 Z 和 S 集合，并按照节点编号顺序，对不属于 $S \cup Z$ 的节点进行如下判别，然后更新 S 集合。

$$
\begin{cases}
1, & \text{若} \sum_{j \in Z} (d_{ji} + d_{ij}) > 0 \\
0, & \text{若} \sum_{j \in Z} (d_{ji} + d_{ij}) = 0
\end{cases}
$$

（5）按照节点编号顺序，对于 $i \in S$ 且 $i \notin Z$ 的节点在进行以下判别后更新 Z 集合。

$$
\alpha_i^k =
\begin{cases}
1, & \text{若} \sum_{j \in Z} d_{ij} + \sum_{j \in S} d_{ji} \geq U_i \\
0, & \text{若} \sum_{j \in Z} d_{ij} + \sum_{j \in S} d_{ji} < U_i
\end{cases}
$$

（6）重新计算 N_Z^K 和 N_S^K，如果 $N_Z^K = N_Z^{K-1}$，则进入下一步，否则重新回到第三步。

（7）计算最终净资产损失。设置 $LOSS_L = \sum_{j \in Z} U_j$，表示个体风险爆发引起的风险溢出造成的最终损失。记录 L，K，N_Z^K，N_S^K 和 $LOSS_L$。

（8）令 $L = L + 1$，清空 Z 和 S 集合，重新从（2）开始，直到 $N > L$，终止本次仿真测算。

五、仿真实验结果

本小节对 2017 年僵尸企业形成的担保网络进行风险溢出的仿真测算实验（见表 8 – 6），上述程序的运算是通过 Matlab 软件进行的。僵尸企业担保网络中的每个节点都有可能受到外部冲击，依照受到冲击后被处置或者破产的顺序，模拟测算会对担保网络造成的风险溢出。其中的关系矩阵取自本书第三章僵尸企业的识别结果、第六章僵尸企业对银行风险溢出的社会网络分析结果和第七章对僵尸企业担保网络实证分析结果的交集，在 2017 年识别的 350 家僵尸企业中能够得到银行贷款数据的有 139 家，其中形成担保网络的有 27 家，这 27 家僵尸企业与其融资伙伴企业构成了一个 51×51 矩阵。假定担保关系链为双向，意思是可能存在互相担保的情况。

表 8 – 6　　　　　　　　　　僵尸企业网络仿真测算结果

选定受冲击企业编号	选定受冲击企业财务健康指标	风险溢出强度	Z 集合元素	风险溢出损失	损失倍数
00000 ×	0.81	2	1,41	1.57	1.94
00000 ×	2	2	2,19	1.79	1.79
00004 ×	0.73	2	3,31	1.5	2.05
00040 ×	0.64	2	4,51	1.24	1.94
00040 ×	1	2	5,6	1.8	1.80
00040 ×	0.8	2	5,6	1.8	2.25
00050 ×	1	2	7,43	2	2.00
00054 ×	0.72	2	8,47	1.51	2.10
00059 ×	0.84	3	9,10,39	2.97	3.54
00066 ×	1.48	3	9,10,39	2.97	2.01
00075 ×	0.84	2	11,42	1.49	1.77
00076 ×	0.57	2	12,44	1.2	2.11
00079 ×	1	2	13,14	1.77	1.77
00079 ×	0.77	2	13,14	1.77	2.30
00083 ×	0.78	2	15,27	1.78	2.28

续表

选定受冲击企业编号	选定受冲击企业财务健康指标	风险溢出强度	Z 集合元素	风险溢出损失	损失倍数
00091×	0.5	2	16,26	1.3	2.60
00092×	0.78	2	17,45	1.61	2.06
00093×	0.54	2	18,33	1.19	2.20
00093×	0.79	2	2,19	1.79	2.27
00095×	0.81	2	20,49	1.56	1.93
00201×	0.67	2	21,25	1.67	2.49
00207×	0.82	2	22,48	1.49	1.82
00207×	0.78	2	23,28	1.59	2.04
00217×	0.8	2	24,38	1.56	1.95
00222×	1	2	21,25	1.67	1.67
00240×	0.8	2	16,26	1.3	1.63
30002×	1	2	15,27	1.78	1.78
30032×	0.81	2	23,28	1.59	1.96
30033×	0.82	2	29,46	1.62	1.98
60001×	0.8	2	30,37	1.55	1.94
60004×	0.77	2	3,31	1.5	1.95
60015×	0.78	2	32,40	1.52	1.95
60015×	0.65	2	18,33	1.19	1.83
60017×	0.8	3	34,35,36	3.06	3.83
60020×	1.48	3	34,35,36	3.06	2.07
60023×	0.78	3	34,35,36	3.06	3.92
60027×	0.75	2	30,37	1.55	2.07
60059×	0.76	2	24,38	1.56	2.05
60061×	0.65	3	9,10,39	2.97	4.57
60068×	0.74	2	32,40	1.52	2.05
60073×	0.76	2	1,41	1.57	2.07
60074×	0.65	2	11,42	1.49	2.29
60077×	1	2	7,43	2	2.00
60079×	0.63	2	12,44	1.2	1.90
60079×	0.83	2	17,45	1.61	1.94
60089×	0.8	2	29,46	1.62	2.03

续表

选定受冲击企业编号	选定受冲击企业财务健康指标	风险溢出强度	Z 集合元素	风险溢出损失	损失倍数
60097 ×	0.79	2	8,47	1.51	1.91
60105 ×	0.67	2	22,48	1.49	2.22
60160 ×	0.75	2	20,49	1.56	2.08
60166 ×	0.67	1	50	0.67	1.00
60199 ×	0.6	2	4,51	1.24	2.07

从表 8 - 6 的仿真结果中可以了解每个节点爆发个体风险时风险溢出效应的大小。风险溢出强度就是受某家企业所产生的个体风险（如僵尸企业被强制清理或宣布破产而引发的风险溢出）影响而最终倒闭的企业数量，没有把受到风险溢出影响但未倒闭的企业计算在内。受僵尸企业风险溢出影响而倒闭的企业数量是最直接的评价风险溢出效果的指标。表 8 - 6 中个体风险溢出强度均值为 2.10，也就是说一家僵尸企业的破产可能导致两家相关联企业破产。这样的传染强度相对于僵尸企业担保网络的庞大规模来说处于相对较低的位置。同时，由于每个节点财务状况的差异性，个体风险爆发的冲击力度也会存在差别，用风险损失倍数（即风险溢出对网络造成的损失与爆发个体节点财务健康指标的比值）可以明确评价和比较风险溢出造成的损失程度。仿真结果显示个体风险溢出的损失最大倍数为 4.57 倍，即该节点风险爆发对网络造成的损失是该节点自身的 4.57 倍，风险溢出损失倍数的均值为 1.71 倍。图 8 - 3 为僵尸企业担保网络个体风险溢出损失（左）和损失倍数（右）的累计分布。

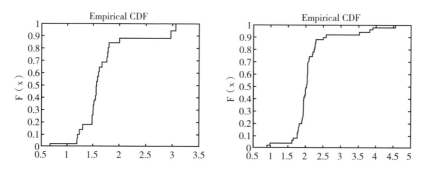

图 8 - 3　僵尸企业担保网络个体风险溢出损失（左）和损失倍数（右）的累计分布

值得注意的是，上述仿真实验及测算给定的一个前提是网络内所有节点爆发个体风险的概率是相等的，即个体风险爆发的概率在网络内成员之间均匀分布。由于个体风险爆发的影响因素是多样的，仿真模拟测算将概率均一化是一种易于接受的简化方法。网络的稳健性可以用来衡量担保网络抵抗随机个体风险冲击的能力，因此可以知道当风险溢出强度超过某个阈值时会对网络的稳健性造成影响，从而造成系统性风险。

六、仿真模型的验证

本小节对如图 8 - 4 所示的僵尸企业担保网络进行仿真测算，并与人工逻辑推断结果相对比，对上述仿真模型的有效性进行验证。按序号顺序分别假设图中节点代表僵尸企业并且被强制清理，根据第七章对僵尸企业担保网络的实证分析，发现这种结构也是僵尸企业担保网络中最多的结构。

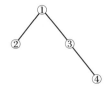

图 8 - 4　模型验证示意

根据第四章的描述性统计结果，发现样本僵尸企业的平均资产负债率为 0.696，根据第 8.3 节计算的僵尸企业违约概率均值为 0.1556，健康程度为 0.8444，可以得到每个节点的抗风险载荷，如节点 2 的抗风险载荷为 1.21（0.8444/0.696）。此外，还可以用一个 0 - 1 矩阵来表示上图的

网络结构：$\begin{bmatrix} 0 & 1 & 1 & 0 \\ 1 & 0 & 0 & 0 \\ 1 & 1 & 0 & 1 \\ 0 & 0 & 1 & 0 \end{bmatrix}$，并且网络中各节点的抗风险载荷也可以用一

个横向量来表示：$U = [2.42, 1.21, 2.42, 1.21]$。

假设节点 1 为僵尸企业并且被清理，节点 1 在破产之后的 $K = 0$ 阶段，$Z = [1]$，此时 S 是一个空集。$K = 1$ 时，僵尸企业的破产会促使银行将节点 2 和节点 3 列入其观察名单，并且该僵尸企业的清理给节点 2 和节点 3 带来的损失为 2，由于节点 2 的抗风险载荷为 1.2，因此节点 2 也将破产并被纳入 Z 集合中。节点 3 的抗风险载荷为 2.4，还没有破产。在第二轮风险传染 $K=2$ 时，$Z=[1,2]$，$S=[2,3]$。由于没有关系链条，节点 2 破产后不会进一步对节点 3 和节点 4 产生影响，Z 集合没有新被纳入的节点。$K=3$ 时，Z 集合的更新结果与上一阶段一样，说明不会再发生新的传染，这一轮仿真可以终止，风险传染损失为 3.63。类似地，假设网络中其他节点为僵尸企业也可以推导出被清理时整个网络的损失，并且节点 2 和节点 4 在被清理后应该不会造成其他节点的破产。表 8-7 是利用测算程序对这个简单验证网络进行计算的结果。

表 8-7　　　　　　　　僵尸企业网络仿真测算结果

选定为僵尸企业编号	选定为僵尸企业财务健康指标	风险溢出强度	Z 集合元素	风险溢出损失	损失倍数
1	2.42	2	1，2	3.63	1.50
2	1.21	1	2	1.21	1.00
3	2.42	2	3，4	3.63	1.50
4	1.21	1	4	1.21	1.00

可以看出，仿真计算的结果与上述人工逻辑推理一致，基本可以证明该仿真程序是有效的。

第五节
仿真结果分析

在用 KMV 模型动态估计僵尸企业的违约概率时，分别取从 X = 0.1 到 X = 0.9 的长期负债系数，从变化的计算结果中发现非僵尸企业和僵尸企业的均值差均为正且当 X = 0.9 时均值差最大,说明此时两类企业的违约差异最大,即此时 KMV 模型有效性最强,也符合僵尸企业长期借款比重大于非僵尸企业的实际,因此在计算僵尸企业违约风险时长期借款的影响系数取 0.9,并以此计算预期违约概率。其次,基于用 KMV 模型计算的违约概率构建了一个僵尸企业融资的网络动态模型,以便于理解风险是如何在网络内溢出的。仿真结果显示个体风险溢出的损失最大倍数为 4.57 倍,即该节点风险爆发对网络造成的损失是该节点自身的 4.57 倍,风险溢出损失倍数的均值为 1.71 倍,由此可以估计对系统的风险溢出程度。

根据对 2017 年僵尸企业负债的大致测算,如果不考虑担保网络对负债规模的外溢作用,2017 年僵尸企业潜在的负债规模在 27129.38 亿元左右。仅从量级上看我国上市银行能够承受的不良贷款总额无法覆盖潜在的僵尸企业负债规模,如果加上对非上市银行的不良贷款总额估计,我国银行不良贷款额度的增长空间在 31367.22 亿元左右,大于潜在的僵尸企业负债规模。但是在考虑僵尸企业担保网络的风险溢出作用基础上,根据前面的测算结果,在溢出机制的作用下,极端情况(即风险全面爆发)可能额外造成 19261.86 亿元的不良贷款;也就是说当僵尸企业担保网络风险爆发率超过 22%〔(31367.22 – 27129.38)/19261.86〕时,将超过银行的不良贷款容忍空间,极有可能引发系统性风险。

所以,在对僵尸企业进行清理的过程中,应该时刻关注僵尸企业的风险,以及其对担保企业可能造成的影响,防止出现连锁反应,最终将风险转移到银行。例如,在本章的仿真模拟中,如果对网络中的僵尸企业进行处置,造成的影响面达到 22% 时将会超过银行的不良贷款容忍空间,可能引发银行业危机。但是由于在仿真过程中需要用到具体的担保等数据,所计算出来的这个阈值并不具备普遍适用性,政府在制订僵尸企业清理计划或具体处理问题时,仍然应该具体问题具体分析,可以针对本省、本市建立相应的僵尸企业网络,甚至每个银行可以利用自己的数据建立针对本银行的僵尸企业网络数据,实现动态监测,以防范风险的发生。

第六节
本章小结

　　为进一步理解在由僵尸企业资金往来形成的网络中风险是如何由个体风险向系统性风险演进的，本章首先根据 KMV 模型，结合僵尸企业的特征对 KMV 模型进行改进，利用动态违约距离估计僵尸企业的最优违约距离和违约概率；其次根据现有研究文献（Hull & White，2001；Battiston，2009），采用一个网络动态演进模型来模拟僵尸企业网络中风险向系统性风险溢出的机理。

　　在动态求解僵尸企业违约风险并模拟其对担保网络内其他企业的风险溢出后，得到了整个网络的违约仿真测算结果，接着在对银行不良贷款容忍度进行估算的基础上，得到僵尸企业担保网络风险爆发引致系统风险的阈值。当僵尸企业担保网络风险爆发率超过 22% 时，将会超过银行的不良贷款容忍空间，极有可能引发系统性风险。

　　不可预测性和复杂性是风险溢出与系统性风险所具有的特点，本章构建的动态网络模型旨在借助金融学领域的数学模型和分析工具，帮助梳理僵尸企业风险溢出的理论机理。但本章提出的简化的动态理论模型中结合了风险依赖、传递和加速等多种风险溢出机制，探讨了网络内企业的个体风险向相关联的其他企业传导，并最终向银行演进的过程，有助于更好地理解僵尸企业的风险溢出现象。本章的学术贡献在于后面的仿真测算过程而并非最终得出的仿真结果，该仿真过程为银行提供了一种新的动态监管思路。

| 第九章 |

结论、建议与展望

第一节
结　　论

　　本书首先对僵尸企业的风险溢出机理进行了分析，从系统风险理论的角度梳理了僵尸企业的风险源、风险载体和风险路径，有助于理解僵尸企业的风险是如何传导至银行的。其中僵尸企业庞大的负债规模是其主要的风险来源，尤其是它在脱离自身实际情况下仍大量借款。由于僵尸企业的经营效率低下，无法顺利进行正常的资本循环和周转，货币资本、生产资本和商品资本的循环只能依靠银行注资才得以维系而不至于中断，因此在这个过程中风险不断累积，达到一定临界值后，僵尸企业负债导致的流动性风险和信用风险的爆发可能引发"多米诺效应"，造成大面积的风险事故并将风险最终溢出至银行。资金是主要的风险载体，通过资金这一载体，僵尸企业的风险一方面通过信贷路径直接溢出到银行，另一方面通过形成的担保网络溢出到相关企业，随着不良信贷链条的不断加长，风险被最终转移到银行。

其次通过对僵尸企业两条风险溢出路径的进一步分析，发现僵尸企业的风险溢出有较强的路径依赖性，并得出以下几方面结论。

第一，僵尸企业的风险溢出大小与其在银企信贷网络中的位置密切相关。本书采用社会网络分析方法对僵尸企业风险直接溢出到银行这一路径进行检验，将僵尸企业和银行作为社会网络的节点，以它们之间的贷款关系构建 2 - 模网络数据，研究僵尸企业风险对银行的溢出。结果显示，大型国有银行、股份制商业银行是僵尸企业贷款的主要来源，中心度都比较高，说明这些银行在风险溢出网络中越是处于核心地位，受到僵尸企业风险影响的可能性也越大。因此对于银行来说，需要谨慎防范僵尸企业的风险转移，尤其是对处于借贷网络中心的僵尸企业，更要加强负债约束，做好风险预警和防控预案。此外，本书还通过构建 CoVaR 模型证明并计算出了僵尸企业对银行的风险溢出大小，实证结果发现僵尸企业的中心性与风险溢出能力正相关，僵尸企业在网络中的中心性越高，其在网络中心的位置越核心；反之僵尸企业在网络中的中心性越低，意味着其越是位于网络位置的边缘。僵尸企业在网络中的位置越核心，表明该企业在网络中越是有更多的联结关系，其产生的风险有更多可能溢出的对象。

第二，僵尸企业担保网络的存在放大了其风险溢出效应。对于僵尸企业的风险通过担保网络间接溢出到银行这一路径，本书基于社会网络嵌入视角探讨了僵尸企业担保网络的风险溢出机制和制度诱因，并通过实证方法证明了加入僵尸企业担保网络会对企业价值造成负面影响，当担保网络内的僵尸企业遭受巨大冲击时，为其提供担保的企业将随之承担担保损失，从而增加担保企业的财务风险，同时也会对企业的盈利能力产生影响，降低企业价值。另外，在市场资源量既定的情况下，由于僵尸企业以较低的利率占据了过多的信贷资源，造成信贷扭曲，也必然会挤占正常企业的应有融资，进而加重正常企业的融资成本。因此，僵尸企业担保网络加剧了信贷扭曲程度，处于僵尸企业担保网络中的企业的融资、盈利和还款都可能受到影响，产生较大的负面效应，并进一步溢出到银行，即僵尸企业的风险溢出通过担保网络被进一步放大。

第三，政府干预在僵尸企业的风险溢出过程中扮演着"催化剂"的角色。通过进一步分析发现，不管在僵尸企业银企信贷网络还是担保网络的形成中都有政府干预的作用。国有僵尸企业与政府的天然联系使得其更可能获得政府的强力支持并从银行获得贷款，因此也处于僵尸企业银企信贷网络的中央，风险溢出水平更大。同时，对于地方政府而言，信用担保是一种低成本帮助企业获取贷款的方式，在晋升激励下，地方官员拥有动机促使本地僵尸企业通过信用担保方式获得贷款，以稳定当地经济和就业，这种倾向加大了担保网络的形成。这意味着一个地方政府的干预程度越高，企业参与僵尸企业担保网络的可能性也越高。金融市场化水平也从侧面反映了这一点，金融市场化水平越低，企业加入僵尸企业担保网络的可能性越大。

第四，本书对僵尸企业向银行的风险溢出进行了动态模拟。根据KMV模型，利用动态违约距离估计出僵尸企业的最优违约距离和违约概率，同时以违约概率为基础构建了一个网络动态演进模型来模拟僵尸企业风险在担保网络中溢出的机理，最后得到了整个僵尸企业网络的违约仿真测算结果。进一步，在对银行不良贷款容忍度进行估算的基础上，求出僵尸企业担保网络风险爆发引致系统风险的阈值。当僵尸企业担保网络风险爆发率超过22%时，将会超过银行的不良贷款容忍空间，极有可能引发系统性风险。动态模拟的关键在于仿真测算过程而并非最终得出的仿真结果，仿真过程为银行提供了一种新的动态监管思路，目的在于使银行能更好地防范风险的产生并为僵尸企业处置提供一些参考。

第二节
建　　议

僵尸企业之所以难以恢复正常，除了自身的经营问题外，在很大程度上是因为债务水平过高导致利息负担较重，企业的现金流时刻处于高度紧张状态。因此债务问题不解决，僵尸企业的问题很难得到有效处理。这就意味着，大力处置僵尸企业必须承担一定程度的债务损失。鉴于银行是僵尸企业的主要资金提供者，因此无论是重组还是破产，债权人都会遭受一定规模的损失。僵尸企业在丧失盈利能力的同时占据大量社会资源，并且涉及的相关利益者众多，影响银行、政府和其他企业等的共同利益，处置僵尸企业的重要目标之一就是提高资源配置效率。仅仅靠僵尸企业自身之力是无法完成自我消化的，这是一项需要多方合作、共同发力的工作。对于企业来说，积极自救的必由之路是减少支出和盘活资产，最大限度地回笼资金，加大处理积压库存的力度，盘活资产。此外，通过变卖土地、清理小金库、债务核销等措施减轻债务负担，获得维持生存的现金流，为进一步恢复正常经营赢得契机。从银行和政府的角度来看，具体结合本书的研究内容，对于僵尸企业存在的风险及处理办法，提出以下相关建议。

一、结合网络分类处理

从银行角度来看，如果直接关停僵尸企业，此前僵尸企业在银行的债务将变成银行的呆坏账，同时由于风险在企业间的溢出，以僵尸企业为中心的担保网络中不良信贷链条逐渐被拉长，最终风险转移到银行，因此对僵尸企业的处置需要考虑银行对这一损失成本的承受能力。目前银行处置不良贷款的途径受限，主要以核销为主，也就是当作损失直接用利润冲减。如果不良贷款太多，利润无法弥补，银行就要损失部分资本金。当损失累积到一定程度时，银行可能面临无法满足监管部门资本金要求的风险。

本书认为，银行可以充分利用关系网络这一分析工具和自有的贷款数据，建立银行与企业相关联的信贷关系网络，及时清理自查不良贷款的实际规模。

第一，根据贷款是否涉及僵尸企业进行分类。对于涉及僵尸企业的贷款应重点盘查、重新评估其风险等级，结合僵尸企业所处的位置，对僵尸企业的债务进行处置，实现贷款风险的精细化管理。对于僵尸企业的抵押贷款，银行要对企业抵押资产的价值重新进行估算，并以此作为重新判断贷款是否为不良贷款的依据，同时要重点清查资产是否存在反复质押的情况。对于僵尸企业的信用贷款，要警惕由互保、联保形成的僵尸企业担保网络。由于担保网络的复杂性和不透明性，很难被银行所识别，因此银行应充分利用所拥有的借贷数据，建立本银行以僵尸企业为核心的信贷网络，并对相关贷款项目进行审查，严密监控相关担保企业的流动性水平及还款能力，严格审核相关企业的信用水平以及是否存在违约风险。

第二，对于涉及僵尸企业的贷款进行再分类。对处于网络中心的僵尸企业给予高度重视，加强其负债约束。对处于网络中心的僵尸企业的不良贷款，由于其处于牵一发而动全身的关键位置，所涉及的相关利益者众多，应通过多种渠道积极化解不良贷款带来的风险：（1）将不良资产打包成证券化的产品，出售给机构投资者和其他投资主体；（2）考虑引入社会资本参与不良资产的处置；（3）允许银行通过一定规模的债转股的方式将不良资产剥离。注意要严格限制规模和资质，实行审批制。对处于网络边缘的僵尸企业的贷款，虽然其所涉范围较小，也应该积极采取措施追偿核销或者提取坏账准备，增强银行抵御风险的能力。

同样，政府在制订僵尸企业清理计划时也可以参照僵尸企业所处的网络位置进行分类。现有的一种僵尸企业处置办法往往是集中对部分行业和企业实施"定点爆破"，如选择对钢铁、煤炭和水泥等产能过剩非常严重的行业进行重点清理，这个过程中可以选择对恢复无望的大型僵尸企业进行"定点爆破"，打破"大而不倒"的预期。在实施"定点爆破"的同时，由于僵尸企业风险存在的外溢效应，其处置顺序应引起重视。例如，可以将处于网络边缘、风险溢出效应相对较小的僵尸企业划分为优先处置的一类，以降低风险外溢效应影响程度。此外，大多数学者认为僵尸企业应该根据是否有恢复可能而区别对待，鼓励有望恢复活力的企业兼并重组，那么在同地区同等情况下的重组类僵尸企业，地方政府可以优先向网络位置中央的僵尸企业倾斜资源，通过帮助网络重要性僵尸企业重塑活力以提高整个网络的稳定性。

二、利用工具动态监管

本书针对僵尸企业的仿真测算模型表明，当网络中的僵尸企业遭到外部不确定冲击（如被处置或清理）时，其自身原本累积的风险从静态转化为动态，向外溢出并往往伴随着风险加速和扩大，僵尸企业的清理或者破产往往造成其本身数倍的风险损失。传统的研究和观点多数是孤立地看待僵尸企业的处置问题，仿真结果给我们的启示就是需要更加关注网络中处于核心位置的僵尸企业，意识到其系统重要性，一旦处理不当将可能产生全局性的风险溢出，并威胁银行系统的安全。

也就是说，在对僵尸企业进行清理的过程中，地方政府应该时刻关注本地区僵尸企业的信贷网络结构及其对担保企业可能造成的影响，加强对僵尸企业所形成网络的监控，及时发现可能的风险事项，防止出现连锁反应，最终将风险转移到银行。例如，本书第八章的仿真模拟显示，如果对网络中的僵尸企业进行处置，且造成的影响面达到 22% 时将会超过银行的不良贷款容忍空间，可能会引发银行业危机。由于在仿真过程中需要用到具体的担保等数据，所计算出来的这个阈值并不具备普遍适用性，不过政府在制订僵尸企业清理计划或具体处理问题时，仍然应该具体问题具体分析，可以针对本省、本市建立相应的僵尸企业网络，实现动态监测，在出现风险苗头时及时采取措施以防范系统性风险的发生。

银行也应完善风险监控预警机制，建立并实时更新僵尸企业信息以及企业间关联的信息数据库，及时跟踪和反馈僵尸企业的风险信号，实现动态监测，将由于风险溢出造成的僵尸企业及其相关企业损失控制在银行损失容忍度之内，并及时补充银行的核心资本，避免因资本金骤降导致信贷萎缩，从而有效地控制和防范由僵尸企业风险溢出造成的银行系统性风险。

三、依托市场减少干预

在僵尸企业的处置工作中，应减少行政干预，坚持市场化原则，及时清除影响市场发挥资源配置决定性作用的障碍。

但是减少政府的行政干预并不是指放任僵尸企业自由发展，而是指应减少政府出于维稳、晋升压力等目的的不合理干预，并且在僵尸企业处置工作的进程中，政府应发挥其应有的行政职能，统筹规划并且有相应的政策托底，保障市场的有序运行，如中央政府应明确处置僵尸企业的成本分担。因为在处置僵尸企业的过程中，必定会产生一系列不可避免的损失，如失业人员安置等，这将给僵尸企业的处置工作增加大量成本，中央财政应主要承担这一部分成本。同时地方政府和国资委应发挥其统筹规划的作用，对其所辖国有僵尸企业的处置工作能够做到总体把控，对每一家僵尸企业应该有明确的整改期限。可在这些企业加快推进混合所有制改革，鼓励民间资本进入，改革管理模式，并按照市场化原则，适当调整管理团队，提高经营效率，尤其要避免地方政府以维护稳定为借口干预僵尸企业的处置。

第三节
研究不足与展望

本书采用上市公司数据对僵尸企业的风险溢出效应进行了研究，可能存在以下不足之处。

第一，基于数据可得性的考虑，本书使用的是上市公司数据以识别僵尸企业并构建其与银行的银企信贷网络、与互保联保企业的信贷担保网络，这一做法的优势在于可以利用上市公司详细的财务信息数据探究僵尸企业的经济效应。然而，只利用上市公司的信息无法识别整个网络组织的全貌，因为在实践中有更多的僵尸企业是非上市公司。据此，本书无法考虑非上市公司的数据可能限制了本书的研究视角。

第二，从风险溢出的视角看，本书主要考察一家僵尸企业遭受负面冲击后，其信贷网络中的银行、担保网络中的其他企业是否遭受负面冲击。

然而，在实践中，传染的问题可能更为复杂，由于无法获得银行间交易数据，本书没有考虑银行与银行之间的风险溢出。

第三，从担保网络的形态结构与经济后果来看，本书没有研究风险发生的概率、网络结构化及风险传播的危害程度三者之间的相互关系，同时由于本书所构建的担保网络中，处于不同产权性质的僵尸企业担保网络中的企业有所重叠，在研究僵尸企业担保风险溢出时没有进一步区分如僵尸企业产权性质等担保网络特点，这些都有待后续的研究。

未来的研究中，将从以下两个方面进行拓展。

第一，从工业企业数据库中对僵尸企业进行识别，并从商业银行征信中申请企业贷款和财务数据，以此为基础构建完整的僵尸企业银企信贷网络和信用担保网络数据库，基于这一更大的样本研究僵尸企业的风险溢出，可能会有更多新的发现。

第二，更加深入探讨网络组织的形态结构和网络特征产生的影响，不同的形态结构和网络特征可能对风险承担、经济后果等不同层面产生异质性效应，同时利用金融统计方法对银行与银行之间的交易进行估计，将银行与银行之间的风险溢出纳入整个网络体系。

附　　录

附录 A　僵尸企业及银行矩阵

部分僵尸企业矩阵（2010 年）

代码	00060 ×	00066 ×	00068 ×	00069 ×	00072 ×	00075 ×	00075 ×	00086 ×	00086 ×	00088 ×	00089 ×
00060 ×	2	0	1	1	1	0	2	2	1	0	2
00066 ×	0	1	0	0	0	0	0	1	0	0	0
00068 ×	1	0	1	1	1	0	1	1	0	0	1
00069 ×	1	0	1	1	1	0	1	1	0	0	1
00072 ×	1	0	1	1	6	1	2	5	1	1	5
00075 ×	0	0	0	0	1	2	1	2	1	0	2
00075 ×	2	0	1	1	2	1	5	5	2	0	4
00086 ×	2	1	1	1	5	2	5	21	2	3	10
00086 ×	1	0	0	0	1	1	2	2	2	0	2
00088 ×	0	0	0	0	1	0	0	3	0	3	1
00089 ×	2	0	1	1	5	2	4	10	2	1	10

部分银行矩阵（2010 年）

名称	MSYH	PAYH	ZSYH	ZGYH	JTYH	ZXYH	XYYH	PFYH	NYYH	JSYH	GSYH
MSYH	20	2	8	11	9	8	6	6	9	10	10
PAYH	2	3	1	2	3	2	1	2	1	2	3
ZSYH	8	1	16	8	11	9	5	5	6	7	10
ZGYH	11	2	8	30	11	9	5	8	9	11	14
JTYH	9	3	11	11	27	10	7	11	9	14	11
ZXYH	8	2	9	9	10	20	6	7	6	9	9

名称	MSYH	PAYH	ZSYH	ZGYH	JTYH	ZXYH	XYYH	PFYH	NYYH	JSYH	GSYH
XYYH	6	1	5	5	7	6	14	4	5	4	4
PFYH	6	2	5	8	11	7	4	16	9	7	7
NYYH	9	1	6	9	9	6	5	9	19	8	9
JSYH	10	2	7	11	14	9	4	7	8	23	11
GSYH	10	3	10	14	11	9	4	7	9	11	26

部分僵尸企业向银行贷款矩阵（2010 年）

股票代码	MSYH	PAYH	ZSYH	ZGYH	JTYH	ZXYH	XYYH	PFYH	NYYH	JSYH	GSYH	GDYH	NJYH
00001×	0	0	0	1	0	0	0	0	0	0	0	0	0
00003×	0	0	0	1	0	1	0	0	0	0	0	1	0
00041×	0	0	0	1	1	0	0	0	0	0	0	0	0
00042×	0	0	0	0	0	0	0	0	0	0	1	0	0
00052×	1	0	1	0	1	0	0	0	0	0	0	0	0
00052×	0	0	0	0	0	0	1	0	0	0	0	0	0
00054×	0	0	0	0	0	0	0	0	0	0	1	0	0
00060×	1	0	0	1	0	0	0	0	0	0	0	0	0
00060×	0	0	0	0	0	0	0	0	0	1	0	0	0
00068×	0	0	0	1	0	0	0	0	0	0	0	0	0
00069×	0	0	0	1	0	0	0	0	0	0	0	0	0
00072×	1	0	0	1	1	0	1	1	1	0	0	0	0
00075×	1	0	0	0	0	0	0	0	0	0	1	0	0
00075×	1	0	0	1	0	0	0	0	0	1	0	1	0
00086×	1	0	1	1	1	1	0	1	1	1	1	1	1
00086×	1	0	0	0	0	0	0	0	0	1	0	0	0
00088×	0	0	0	0	1	0	0	0	0	0	0	0	0
00089×	1	0	1	1	1	1	0	1	1	1	1	1	0
00090×	0	0	0	0	0	0	0	0	0	0	1	0	0
00095×	0	0	0	1	0	0	0	0	0	0	0	0	0
00201×	1	0	1	1	0	0	1	1	1	0	1	1	0

附录 B 僵尸企业对银行风险溢出效应及排名

年份	股票简称	5% $\Delta CoVaR$	10% $\Delta CoVaR$	年份	股票简称	5% $\Delta CoVaR$	10% $\Delta CoVaR$
2009	FZFZ	− 0.017531	− 0.002327	2014	YCM	− 0.000573	− 0.000828
	XJTH	− 0.017521	− 0.002331		TGBX	− 0.00057	− 0.000846
	RSCW	− 0.017517	− 0.002313		ZHQY	− 0.000567	− 0.000844
	WLDC	− 0.017513	− 0.002334		NCP	− 0.000563	− 0.000839
	JSJX	− 0.017512	− 0.002344		JQHX	− 0.00056	− 0.000832
2010	XJTH	− 0.243763	− 0.336596	2015	JDFA	− 0.004131	− 0.001437
	XHFA	− 0.243632	− 0.336407		ZXZG	− 0.003118	− 0.000878
	WLDC	− 0.243627	− 0.336378		XJTH	− 0.002493	− 0.000607
	NBHT	− 0.243591	− 0.336322		STDZ	− 0.002221	− 0.000838
	JSQH	− 0.243578	− 0.336342		SBHA	− 0.002182	− 0.000489
2011	RSCW	− 0.142091	− 0.226524	2016	SHSY	− 0.278157	− 0.315623
	MHS	− 0.142055	− 0.22645		LYSY	− 0.278131	− 0.31607
	JSQH	− 0.142051	− 0.226464		HCTG	− 0.27806	− 0.316057
	GTGY	− 0.142039	− 0.226404		GZGG	− 0.27805	− 0.315465
	NBHT	− 0.142024	− 0.226416		YCM	− 0.278045	− 0.316005
2012	WLDC	− 0.00548	− 0.000264	2017	GXGF	− 0.003267	− 0.00101
	JSQH	− 0.005476	− 0.000267		QHX	− 0.002765	− 0.000869
	MHS	− 0.005469	− 0.00027		SSXF	− 0.002509	− 0.000834
	NBHT	− 0.005468	− 0.00027		LFT	− 0.00247	− 0.000811
	QXGF	− 0.005467	− 0.000281		HNKY	− 0.002457	− 0.00085
2013	XTDH	− 0.019146	− 0.000508	2018	QHX	− 0.006231	− 0.011917
	DLRD	− 0.019131	− 0.000505		BYYS	− 0.005844	− 0.012
	SJMJ	− 0.01913	− 0.000521		SSXF	− 0.005691	− 0.012146
	NBHT	− 0.019129	− 0.000502		NYWY	− 0.005394	− 0.012028
	BMTG	− 0.019124	− 0.00051		QXDZ	− 0.005043	− 0.012142

参 考 文 献

[1] 陈道富. 我国融资难融资贵的机制根源探究与应对 [J]. 金融研究, 2015 (2): 45 - 52.

[2] 陈冬华, 姚振晔, 新夫. 中国产业政策与微观企业行为研究: 框架、综述与展望 [J]. 会计与经济研究, 2018, 32 (1): 51 - 71.

[3] 陈建青, 王擎, 许韶辉. 金融行业间的系统性金融风险溢出效应研究 [J]. 数量经济技术经济研究, 2015, 32 (9): 89 - 100.

[4] 陈运森. 社会网络与企业效率: 基于结构洞位置的证据 [J]. 会计研究, 2015 (1): 48 - 56.

[5] 陈运森, 谢德仁. 董事网络、独立董事治理与高管激励 [J]. 金融研究, 2012 (2): 168 - 182.

[6] 陈运森, 谢德仁. 网络位置、独立董事治理与投资效率 [J]. 管理世界, 2011 (7): 113 - 127.

[7] 程虹, 胡德状. "僵尸企业" 存在之谜: 基于企业微观因素的实证解释——来自 2015 年 "中国企业—员工匹配调查" (CEES) 的经验证据 [J]. 宏观质量研究, 2016, 4 (1): 7 - 25.

[8] 戴泽伟, 潘松剑. 僵尸企业的 "病毒" 会传染吗? ——基于财务信息透明度的证据 [J]. 财经研究, 2018, 44 (12): 138 - 150.

[9] 邓洲. 我国处置 "僵尸企业" 的对策 [J]. 党政视野, 2016 (12): 58.

[10] 范霍恩. 财务管理 [M]. 沈阳: 辽宁人民出版社, 1987.

[11] 高国华, 潘丽英. 银行系统性风险度量——基于动态 CoVaR 方

法的分析 [J]. 上海交通大学学报，2011 (12)：1753 – 1759.

[12] 宫晓琳. 宏观金融风险联动综合传染机制 [J]. 金融研究，2012 (5)：56 – 69.

[13] 管敏. VaR 在我国商业银行信用风险管理中的应用研究 [D]. 长沙：湖南大学，2007.

[14] 韩立岩，陈文丽. 贷款组合中违约传染的机理研究 [J]. 金融研究，2006 (7)：143 – 150.

[15] 何帆，朱鹤. 僵尸企业的识别与应对 [J]. 中国金融，2016 (5)：20 – 22.

[16] 胡翠萍. 企业财务风险传导机理研究 [D]. 武汉：武汉理工大学，2012.

[17] 黄剑辉，李鑫. 非金融企业部门杠杆率与银行业风险研究 [J]. 金融监管研究，2018 (2)：40 – 54.

[18] 黄金老. 论金融脆弱性 [J]. 金融研究，2001 (3)：41 – 49.

[19] 黄少卿，陈彦. 中国僵尸企业的分布特征与分类处置 [J]. 中国工业经济，2017 (3)：24 – 43.

[20] 江红莉，何建敏. 房地产业与银行业风险溢出效应研究 [J]. 金融观察，2014 (7)：32 – 36.

[21] 金祥荣，李旭超，鲁建坤. 僵尸企业的负外部性：税负竞争与正常企业逃税 [J]. 经济研究，2019，54 (12)：70 – 85.

[22] 鞠蕾，高越青，王立国. 供给侧视角下的产能过剩治理：要素市场扭曲与产能过剩 [J]. 宏观经济研究，2016 (5)：3 – 15，127.

[23] 李秉成，余浪，王志涛. 企业集团财务危机传染与治理效应研究 [J]. 软科学，2019，33 (3)：65 – 69.

[24] 李守伟，何建敏，庄亚明，等. 银行同业拆借市场的网络模型构建及稳定性 [J]. 系统工程，2010，28 (5)：20 – 24.

[25] 李旭超，鲁建坤，金祥荣. 僵尸企业与税负扭曲 [J]. 管理世界，2018，34 (4)：127 – 139.

[26] 廖丽平，胡仁杰，张光宇. 模糊社会网络中的位置分析方法

[J]. 系统工程, 2012, 30 (8): 58 - 63.

[27] 刘方, 俞苇然. "僵尸企业"债务处置方式研究文献综述 [J]. 当代经济管理, 2017, 39 (10): 1 - 8.

[28] 刘海明, 曹廷求. 晋升激励、金融市场化与担保圈现象 [J]. 财经论丛, 2016 (10): 40 - 47.

[29] 刘海明, 王哲伟, 曹廷求. 担保网络传染效应的实证研究 [J]. 管理世界, 2016 (4): 81 - 96, 188.

[30] 刘军. 整体网分析 [M]. 第 1 版. 上海: 格致出版社, 2014, 1 - 3.

[31] 刘奎甫, 茅宁. "僵尸企业"国外研究述评 [J]. 外国经济与管理, 2016, 38 (10): 3 - 19.

[32] 刘莉亚, 刘冲, 陈垠帆, 周峰, 李明辉. 僵尸企业与货币政策降杠杆 [J]. 经济研究, 2019, 54 (9): 73 - 89.

[33] 刘向丽, 顾舒婷. 房地产对金融体系风险溢出效应研究——基于 AR-GARCH-CoVaR 方法 [J]. 系统工程理论与实践, 2014, 34 (S1): 106 - 111.

[34] 刘小年, 郑仁满. 公司业绩、资本结构与对外信用担保 [J]. 金融研究, 2005 (4): 155 - 164.

[35] 栾甫贵, 刘梅. 僵尸企业僵尸指数的构建及应用研究 [J]. 经济与管理研究, 2018, 39 (6): 135 - 144.

[36] 罗党论, 唐清泉. 政治关系、社会资本与政策资源获取: 来自中国民营上市公司的经验证据 [J]. 世界经济, 2009 (7): 84 - 96.

[37] 罗伟, 吕越. 金融市场分割、信贷失衡与中国制造业出口——基于效率和融资能力双重异质性视角的研究 [J]. 经济研究, 2015, 50 (10): 49 - 63, 133.

[38] 罗艳梅. 中国上市公司对外担保与财务困境研究 [D]. 吉林: 吉林大学, 2004.

[39] 马草原, 王美花, 李成. 中国经济"刺激依赖"的形成机制:

理论与经验研究 [J]. 世界经济, 2015, 38 (8): 3-28.

[40] 纳鹏杰, 雨田木子, 纳超洪. 企业集团风险传染效应研究——来自集团控股上市公司的经验证据 [J]. 会计研究, 2017 (3): 53-60, 95.

[41] 聂辉华, 江艇, 张雨潇, 等. 我国僵尸企业的现状、原因与对策 [J]. 宏观经济管理, 2016 (9): 63-68, 88.

[42] 彭强、周海鸥. 上市公司对外担保的风险研究 [R]. 深交所第四届会员研究成果, 2002.

[43] 彭小霞. 试论美国破产重整制度及其启示 [J]. 盐城师范学院学报 (人文社会科学版), 2012, 32 (3): 39-43.

[44] 饶静, 万良勇. 政府补助、异质性与僵尸企业形成——基于A股上市公司的经验证据 [J]. 会计研究, 2018 (3): 3-11.

[45] 饶品贵, 姜国华. 货币政策、信贷资源配置与企业业绩 [J]. 管理世界, 2013 (3): 12-22, 47, 187.

[46] 萨托理斯, 希尔. 36小时现金管理课程 [M]. 上海: 上海人民出版社, 1994.

[47] 申广军. 比较优势与僵尸企业: 基于新结构经济学视角的研究 [J]. 管理世界, 2016 (12): 13-24, 187.

[48] 石大龙, 白雪梅. 网络结构、危机传染与系统性风险 [J]. 财经问题研究, 2015 (4): 31-39.

[49] 史金艳, 杨健亨, 李延喜, 张启望. 牵一发而动全身: 供应网络位置、经营风险与公司绩效 [J]. 中国工业经济, 2019 (9): 136-154.

[50] 孙艳霞, 鲍勤, 汪寿阳. 房地产贷款损失与银行间市场风险传染——基于金融网络方法的研究 [J]. 管理评论, 2015, 27 (3): 3-15.

[51] 孙艳霞. 金融网络视角下我国银行同业业务交易与风险传染 [D]. 大连: 东北财经大学, 2015.

[52] 谭语嫣, 谭之博, 黄益平, 胡永泰. 僵尸企业的投资挤出效应: 基于中国工业企业的证据 [J]. 经济研究, 2017, 52 (5): 175-188.

[53] 王朝阳，王文汇．中国系统性金融风险表现与防范：一个文献综述的视角 [J]．金融评论，2018，10 (5)：100 – 113，125 – 126.

[54] 王海林，高颖超．僵尸企业对银行的风险溢出效应研究——基于 *CoVaR* 模型和社会网络方法的分析 [J]．会计研究，2019 (4)：11 – 17.

[55] 王海林．价值链内部控制模型研究 [J]．会计研究，2006 (2)：60 – 65，97.

[56] 王海林．业务关系网络中内部控制缺陷防扩散研究 [J]．会计之友，2019 (16)：31 – 34.

[57] 王辉，李硕．基于内部视角的中国房地产业与银行业系统性风险传染测度研究 [J]．国际金融研究，2015 (9)：76 – 85.

[58] 王立国，高越青，王善东．抑制产能过剩、促进水泥工业健康发展——基于 L 省水泥工业调研 [J]．宏观经济研究，2013 (10)：11 – 22.

[59] 王粟旸．商业银行小微企业违约风险管控及违约概率估计模型研究 [D]．南京大学，2014.

[60] 王粟旸，肖斌卿，周小超．外部冲击视角下中国银行业和房地产业风险传染性测度 [J]管理学报，2012 (7)：968 – 974.

[61] 王万珺，刘小玄．为什么僵尸企业能够长期生存 [J]．中国工业经济，2018 (10)：61 – 79.

[62] 王小丁．基于违约相依的信用风险度量与传染效应研究 [D]．长沙：中南大学，2010.

[63] 王永钦，米晋宏，袁志刚，周群力．担保网络如何影响信贷市场——来自中国的证据 [J]．金融研究，2014 (10)：116 – 132.

[64] 王玉玲．企业降杠杆与金融风险防控 [J]．中国金融，2018 (1)：59 – 61.

[65] 吴宝，李正卫，池仁勇．社会资本、融资结网与企业间风险传染——浙江案例研究 [J]．社会学研究，2011，26 (3)：84 – 105，244.

[66] 吴宝. 企业融资结网与风险传染问题研究 [D]. 杭州：浙江工业大学, 2012.

[67] 夏喆. 企业风险传导的机理与评价研究 [D]. 武汉：武汉理工大学, 2007.

[68] 熊兵. 日本处置"僵尸企业"的经验教训及启示 [J]. 党政视野, 2016 (6)：24.

[69] 徐攀, 于雪. 中小企业集群互助担保融资风险传染模型应用研究 [J]. 会计研究, 2018 (1)：82 – 88.

[70] 徐振宇. 社会网络分析在经济学领域的应用进展 [J]. 经济学动态, 2013 (10)：61 – 72.

[71] 许江波, 卿小权. 僵尸企业对供应商的溢出效应及其影响因素 [J]. 经济管理, 2019, 41 (3)：56 – 72.

[72] 姚小涛, 席酉民. 社会网络理论及其在企业研究中的应用 [J]. 西安交通大学学报 (社会科学版), 2003 (3)：22 – 27.

[73] 银莉, 陈收. 集团内部资本市场对外部融资约束的替代效应 [J]. 山西财经大学学报, 2010, 32 (8)：102 – 109.

[74] 银莉. 集团化运作的分散风险效应研究 [J]. 统计与决策, 2011 (16)：152 – 155.

[75] 袁淳, 荆新, 廖冠民. 国有公司的信贷优惠：信贷干预还是隐性担保？——基于信用贷款的实证检验 [J]. 会计研究, 2010 (8)：49 – 54, 96.

[76] 袁圆, 戚逸康. 金融危机和地产调控冲击下地产板块和整体股市的波动性研究 [J]. 统计研究, 2019, 36 (2)：38 – 49.

[77] 张纯, 潘亮. 转型经济中产业政策的有效性研究——基于我国各级政府利益博弈视角 [J]. 财经研究, 2012, 38 (12)：85 – 94.

[78] 张栋, 谢志华, 王靖雯. 中国僵尸企业及其认定——基于钢铁业上市公司的探索性研究 [J]. 中国工业经济, 2016 (11)：90 – 107.

[79] 张平. 中国经济效率减速冲击、存量改革和政策激励 [J]. 经济学动态, 2014 (10)：9 – 16.

［80］张泽旭，李鹏翔，郭菊娥. 担保链危机的传染机制［J］. 系统工程，2012，30（4）：25－31.

［81］周琭，冼国明，明秀南. 僵尸企业的识别与预警——来自中国上市公司的证据［J］. 财经研究，2018，44（4）：130－142.

［82］周群力，丁骋骋. 姓氏与信用：农户信用评级中的宗族网络［J］. 世界经济，2013，36（8）：125－144.

［83］朱波，马永谈，陈德然. 债务融资方式对行业金融风险溢出效应的作用机制［J］. 财经科学，2018（1）：15－27.

［84］朱舜楠，陈琛. "僵尸企业"诱因与处置方略［J］. 改革，2016（3）：110－119.

［85］Ahearne A G，Shinada N. Zombie firms and economic stagnation in Japan［J］. International Economics & Economic Policy，2005，2（4）：363－381.

［86］Allen F，Babus A. Networks in finance［J］. SSRN Electronic Journal，2008，6（1）：383－419.

［87］Allen F，Carletti E. Credit risk transfer and contagion［J］. Social Science Electronic Publishing，2005，53（1）：89－111.

［88］Allen F，Gale，Douglas M. Financial contagion［J］. Journal of Political Economy，2000，108（1）：1－33.

［89］Altman E I，Haldeman R G & Narayanan P. ZETATM analysis a new model to identify bankruptcy risk of corporations［J］. Journal of Banking & Finance，1977（1）：29－54.

［90］Altman E L. Financial ratios，discriminant analysis and the prediction of corporate bankruptcy［J］. Journal of Finance，1968（9）：589－609.

［91］Arnott R，Stiglitz J E. Moral hazard and nonmarket Institutions：Dysfunctional crowding out or peer monitoring？［J］. American Economic Review，1991，81（1）：179－190.

［92］Artzner P. Application of coherent risk measures to capital requirements in insurance［J］. North American Actuarial Journal，1999（3）：11－25.

［93］Balg Taimur G. Financial market contagion in the Asian crisis ［J］. IMF Economic Review, 1999, 46 (2): 167 – 195.

［94］Banal-Esta A, Ottaviani M, Winton A. The flip side of financial synergies: Coinsurance versus risk contamination ［J］. Review of Financial Studies, 2013, 26 (12): 3142 – 3181.

［95］Bandt O, Hartmann P, Peydro J. Systemic risk in banking: An update ［M］. Oxford University Press, 2012.

［96］Barnes J A. Class and in Norwegian island parish ［J］. Human Relations, 1954, 7 (1): 39 – 58.

［97］Bassett K G, Jr. Regression quantiles ［J］. Econometrica, 1978, 46 (1): 33 – 50.

［98］Battiston S, Gatti D D, Gallegati M, Greenwald B C N, Stiglitz J E. Credit chains and bankruptcies avalanches in production networks ［J］. Journal of Economic Dynamics and Control, 2007, 31 (6): 2061 – 2084.

［99］Battiston S, Gatti D D, Gallegati M M, Greenwald B C N, Stiglitz J E. Liaisons dangereuses: Increasing connectivity, risk sharing and systemic risk ［C］. NBER Working Paper Series, Vol. w15611, 2009.

［100］Beaver W H. Financial ratios as predictors of failure, empirical research in accounting, selected studies ［J］. Journal of Accounting Research, 1966 (4): 71 – 111.

［101］Benmelech E, Bergman N K. Bankruptcy and the collateral channel ［J］. Journal of Finance, 2011, 66 (2): 337 – 378.

［102］Bernanke B, Gertler M, Gilchrist S. The financial accelerator in a quantitative business cycle framework ［J］. Working Papers, 1998, 1 (99): 1341 – 1393.

［103］Bernanke B S. The crisis and the policy response ［R］. Speech, 2009.

［104］Besanko D, Thakor A V. Collateral and rationing: Sorting equilibria in monopolistic and competitive credit markets ［J］. International Economic

Review, 1987, 28 (3): 671 –689.

[105] Birley S. The role of networks in the entrepreneurial process [J]. Journal of Business Venturing, 1985, 1 (1): 107 –117.

[106] Black F, Scholes M S. The Pricing of options and corporate liabilities [J]. Journal of Political Economy, University of Chicago Press, 1973, 81 (3): 637 –654.

[107] Bollerslev T. Generalized autoregressive conditional heteroskedasticity [J]. Journal of Econometrics, 1986 (31): 307 –327.

[108] Bourdieu P. The social space and the genesis of groups [J]. Theory and Society, 1985, 14 (6): 723 –744.

[109] Broz T, Ridzak T. Are zombies productive or not? [R]. Croatian National Bank and the Institute of Economics, Zagreb, 2017.

[110] Buchinsky M. Recent advances in quantile regression models: A practical guideline for empirical research [J]. The Journal of Human Resources, 1998, 33 (1): 88 –126.

[111] Burt R S. Structural holes: The social structure of competition [M]. Harvard University Press, 2009.

[112] Caballero R J, Hoshi T, Kashyap A K. Zombie lending and depressed restructuring in Japan [J]. American Economic Review, 2008, 98 (5): 1943 –1977.

[113] Cabrales A, Gottardi P, Vega-Redondo F. Risk-sharing and contagion in networks [J]. Working Papers, 2014.

[114] Chernobai A, Yasuda Y. Disclosures of material weaknesses by Japanese firms after the passage of the 2006 Financial Instruments and Exchange Law [J]. Journal of Banking & Finance, 2013, 37 (5): 1524 –1542.

[115] Chiu W C, PeA J I, Wang C W. Industry characteristics and financial risk contagion [J]. Journal of Banking & Finance, 2015 (50): 411 – 427.

[116] Christoffersen F. Elements of financial risk management [M]. Mc

Gill University and CIRANO, 2002.

[117] Cipollini A, Kapetanios G. Forecasting financial crises and contagion in Asia using dynamic factor analysis [J]. Journal of Empirical Finance, 2009, 16 (2): 1 –200.

[118] Cook D O, Spellman L J. Firm and guarantor risk, risk contagion and the interfirm spread among insured deposits [J]. Journal of Financial and Quantitative Analysis, 1996 (31): 265 –281.

[119] Diebold F X, Yilmaz K. Better to give than to receive: predictive directional measurement of volatility spillovers [J]. International Journal of Forecasting, 2012 (28): 57 –66.

[120] Diebold F X, Yilmaz K. Measuring financial asset return and volatility spillovers, with application to global equity markets [R]. Working Papers, 2008.

[121] Dougal C, Parsons C A, Titman S. Urban vibrancy and corporate Growth [J]. Journal of Finance, 2015, 70 (1): 163 –210.

[122] Duca J V, Muellbauer J, Murphy A. Housing markets and the financial crisis of 2007 –2009: Lessons for the future [J]. Journal of Financial Stability, 2010, 6 (4): 0 –217.

[123] Duffie D, Pan J. An overview of value-at-risk [J]. The Journal of Derivatives, 1997 (7): 7 –49.

[124] Edwards, Sebastian. Interest rate volatility, capital controls, and contagion [R]. NBER Working Paper, 1998.

[125] Eisenberg L and Noe T. Systemic risk in financial systems [J]. Management Science, 2001 (47): 236 –249.

[126] Engel R F. Autoregressive conditional heteroscedasticity with estimates of the variance of united kingdom inflation [J]. Econometric, 1982 (4): 987 –1007.

[127] Engle R F et al. Meteor showers or heat waves? heteroskedastic intra-daily volatility in the foreign exchange market [J]. Econometric, 1990,

58 (3): 525.

[128] Engle R F, Susmel R. Common volatility in international equity markets [J]. Journal of Business & Economic Statistics, 1993 (11): 167 - 176.

[129] Fischer B, John C. Valuing corporate securities: Some effects of bond indenture provisions [J]. Journal of Finance, 1976 (2): 351 - 367.

[130] Freeman L C. Centrality in social networks: Conceptual clarification [J]. Social Networks, 1979, 1 (3): 215 - 239.

[131] Fujiwara Y. Chain of firm's bankruptcy: A macroscopic study of link effect in a production network [J]. Advances in Complex System, 2008, 11 (5): 703 - 717.

[132] Fukao K, Kwon H U. Why did Japan's TFP growth slow down in the lost decade? An empirical analysis based on firm-level data of manufacturing firms [J]. Discussion Papers, 2005, 57 (2): 195 - 228.

[133] Fukuda S I, Kasuya M, Nakajima J. Deteriorating bank Health and lending in Japan: Evidence from unlisted companies under financial distress [J]. Journal of the Asia Pacific Economy, 2006, 11 (4): 482 - 501.

[134] Fukuda S, Nakamura J. Why did 'Zombie' firms recover in Japan? [J]. The World Economy, 2011 (34): 1124 - 1137.

[135] Galaskiewicz J, Zaheer A. Networks of competitive advantage [A]. In S. Andrews and D. Knoke, ed. Research in the Sociology of Organization [C]. Greenwich, CT: JAI Press, 1999.

[136] Gatti D D, Gallegati M, Greenwald B C. Business fluctuations and bankruptcy avalanches in an evolving network economy [J]. Journal of Economic Interaction & Coordination, 2009, 4 (2): 195 - 212.

[137] Gatti D D, Gallegati M, Greenwald B C. The financial accelerator in an evolving credit network [J]. Journal of Economic Dynamics and Control, 2010, 34 (9): 1627 - 1650.

[138] Gatti D D, Guilmi C D, Gaffeo E et al. A new approach to busi-

ness fluctuations: Heterogeneous interacting agents, scaling laws and financial fragility [J]. Journal of Economic Behavior and Organization, 2005, 56 (4): 489 – 512.

[139] Glasserman P, Young H. Contagion in financial networks [J]. Journal of Economic Literature, 2016 (54): 779 – 831.

[140] Granger C, Robins R, Engle R F. Wholesale and retail prices: Bivariate time series modeling with forecastable error variances [J]. Model Reliability, 1986, 47 (1): 1 – 17.

[141] Granovetter M. The myth of social network analysis as a special method in the social sciences [J]. Connections, 1990, 13 (1 – 2): 13 – 16.

[142] Hoshi T, Kashyap A. Japan's economic and financial crisis: An overview [J]. Journal of Economic Perspectives, 2004, 18 (1): 3 – 26.

[143] Hoshi T, Kashyap A K. Will the U. S. bank recapitalization succeed? Eight lessons from Japan [J]. Journal of Financial Economics, 2010, 97 (3): 398 – 417.

[144] Hoshi T, Kim Y. Macroprudential policy and zombie lending in Korea [R]. Working Paper, 2012.

[145] Huang H, Xu C. Financial institutions and the financial crisis in East Asia [J]. European Economic Review, 1999, 43 (4 – 6): 903 – 914.

[146] Hull J, White A. Valuing credit default swaps: Modeling default correlations [J]. Journal of Derivatives, 2001, 8 (3): 12 – 22.

[147] Imai, Kentaro. A panel study of zombie SMEs in Japan: Identification, borrowing and investment behavior [J]. Journal of the Japanese and International Economies, 2016 (39): 91 – 107.

[148] Jackson, Robert J, Wei Jiang, Joshua Mitts. How quickly do markets learn? Private information dissemination in a natural experiment [J]. Columbia Business School Research Paper, 2016 (15): 6.

[149] Jaskowski M. Should zombie lending always be prevented? [J].

International Review of Economics and Finance, 2015 (40): 191 – 203.

［150］ Kane E J. Dangers of capital forbearance: The case of the FSLIC and 'zombie' S&Ls ［J］. Contemporary Policy Issues, 1987 (5): 77 – 83.

［151］ Kevin D. Measuring market risk, 2nd edition ［J］. Cato Journal, 2005, 31 (2): 389 – 391.

［152］ King M, Sentana E, Wadhwani S. Volatility and links between national stock markets ［J］. Econometrica, 1994, 62 (4): 901 – 933.

［153］ Kiyotaki N, Moore J. Credit cycles ［J］. Journal of Political Economy, 1997, 105 (2): 211 – 248.

［154］ Kiyotaki, Nobuhiro, Moore. Balance-sheet contagion ［J］. American Economic Review, 2002, 92 (2): 46 – 50.

［155］ Krause A, Giansante S. Interbank lending and the spread of bank failures: A network model of systemic risk ［J］. Journal of Economic Behavior & Organization, 2012, 83 (3): 583 – 608.

［156］ Kristin J. Roberto R. No contagion, only Interdependence: Measuring stock market comovements ［J］. Journal of Finance, 2002 (57): 2223 – 2261.

［157］ Lin Y P, Srinivasan A, et al. The effect of government bank lending: Evidence from the financial crisis in Japan ［R］. Working Paper, 2015.

［158］ Liu Y A, Pan M S. Mean and volatility spillover effects in the U. S. and pacific-basin stock markets ［J］. Multinational Finance Journal, 1997, 1 (1): 47 – 62.

［159］ March J G and Shapira Z. Managerial perspectives on risk and risk taking ［J］. Management Science, 1987, 33 (11): 1404 – 1418.

［160］ Masi G D, Iori G, Caldarelli G. A fitness model for the Italian Interbank Money Market ［J］. Physical Review E, 2007, 74 (6 Pt 2): 066112.

［161］ McConnell J J, Servaes H. Equity ownership and the two faces of debt ［J］. Journal of Financial Economics, 1995, 39 (1): 131 – 157.

［162］ Mendoza E, Sudden S. Financial crises and leverage ［J］. American Economic Review, 2010 (100): 573 – 578.

[163] Merton R, Bodie Z, William S. Labor supply flexibility and portfolio choice in a life cycle model [J]. Journal of Economic Dynamics and Control, 1992 (16): 427 – 449.

[164] Merton, Robert C. On the pricing of corporate debt-the risk structure of interest rates [J]. Journal of Finance, 1974, 29 (2): 449 – 470.

[165] Minsky H P. Can "it" happen again? Essays on instability and finance [M]. M. E. Sharpe Inc, 1982.

[166] Mitchell E R. Task force report: Social networks as mediators of social support [J]. Community Mental Health Journal, 1969, 25 (12): 27 – 42.

[167] Morck Shleifer Vishny. Management ownership and market valuation: An empirical analysis [J]. Journal of Financial Economics, 1988 (20): 293 – 315.

[168] Morris S, Shin H S. Financial regulation in a system context [J]. Brookings Papers on Economic Activity, 2009, 39 (2): 229 – 274.

[169] Nahapiet J, Ghoshal S. Social capital, intellectual capital, and the organizational advantage [J]. Academy of Management Review, 1998, 23 (2): 242 – 266.

[170] Nishimura K, Nakajima T, Kiyota K. Does the natural selection mechanism still work in severe recessions? [J]. Journal of Economic Behavior and Organization, 2004, 58 (1): 53 – 78.

[171] Ohlson J A. Financial ratios and the probabilistic prediction of bankruptcy [J]. Journal of Accounting Research, 1980, 18 (1): 109 – 131.

[172] Park A, Shen M. Joint liability lending and the rise and fall of China's township and village enterprises [J]. Journal of Development Economics, 2003, 71 (2): 497 – 531.

[173] Peek J, Eric S R. Rosengren unnatural selection: Perverse incentives and the misallocation of credit in Japan [J]. American Economic Re-

view, 2005, 95 (4): 1144 – 1166.

[174] Pervez N. Ghauri, Holstius K. The role of matching in the foreign market entry process in the Baltic States [J]. European Journal of Marketing, 1996, 30 (2): 75 – 88.

[175] Portes A, Landolt P. Social capital: Promise and pitfalls of its role in development [J]. Journal of Latin American Studies, 2000, 32 (2): 529 – 547.

[176] Reinhart C, Kaminsky G. On crises, contagion, and confusion [J]. MPRA Paper, 1998, 51 (1): 145 – 168.

[177] Rijckeghem C V, Weder B. Source of contagion. Is it finance or trade? [J]. Journal of International Economics, 1999, 54 (2): 293 – 308.

[178] Rosenbaum P R, Rubin D B. Constructing a control group using multivariate matched sampling methods that incorporate the propensity score [J]. The American Statistician, 1985 (39): 33 – 38.

[179] Sekine T, Kobayashi K, Saita Y. Forbearance lending: The case of Japanese firms [J]. Monetary and Economic Studies, 2003, 21 (2): 69 – 92.

[180] Shin H S. Risk and liquidity in a system context [J]. Journal of Financial Intermediation, 2008, 17 (3): 315 – 329.

[181] Sun T, Zhang X. Spillovers of the U. S. subprime financial turmoil to mainland China and Hong Kong SAR: Evidence from Stock Markets [J]. IMF Working Papers, 2009, 9 (166): 1 – 42.

[182] Tanaka T. Banks, unhealthy firms, and product market competition: Evidence from Japan [R]. Discussion Paper No. 247, 2008.

[183] Tan Y, Huang Y, Wing T W. Zombie firms and the crowding-Out of private investment in China [J]. Asian Economic Papers. 2016, 15 (3): 32 – 55.

[184] Tobias Markus K. Brunnermeier. *CoVaR* [J]. American Economic Review, 2016, 106 (7): 1705 – 1741.

［185］Upper C，Worms A. Estimating bilateral exposures in the german interbank market：Is there a danger of contagion？［J］．European Economic Review，2004（48）：827 – 849.

［186］Wellman B，Berkowitz S D. Social structures：A network approach ［M］．Cambridge：Cambridge University Press，1988.

N